Collector's

Katalog - Spielzeug aus dem Ei

Collector´s

Katalog - Spielzeug aus dem Ei

ISBN 3-929025-19-1

Verantwortlich für den Inhalt: Axel Hennel und Jürgen Berg
Fotos: Malte Strauß

SU Verlagsgesellschaft mbH
Herderstraße 28
D-65185 Wiesbaden
Fax: 0611 - 9908111
Info-Line: 0611 - 9908119

Compuserve: SU Verlag, M. Strauss; 100526,563
E-Mail: 100526.563@compuserve.com
Internet: http://ourworld.compuserve.com/homepages/collectors_book.htm

Danke

Wir möchten uns an dieser Stelle bei den vielen Sammlern bedanken, die uns mit Rat und Tat unterstüzt haben und ohne deren Hilfe dieser Katalog nicht so umfangreich geworden wäre.
In alphabetischer Reihenfolge:

Anonymus, Thomas Albrecht, Michael Aschenbrenner, Oliver Böttcher, Willi und Anita Botz, Rudolf Dimetz, Igor Fabijanec, Achim Grundgeiger, Heidi Hüther, Tim Kaiser, Alexander Kraus, Regine Maier, Heiri Roth, Axel und Marc Rühle, M. Schauer, Dieter Schlippes, Michael Schweizer, Franz-Josef Spitzl, Helmut Wagner, Christof Wasserberg, Alexander Wink, Thorsten Wolf, ...

... und allen, die uns sonst noch geholfen haben.

Inhalt

Lieber Leser,

Sie halten die inzwischen 3., überarbeitete Auflage unseres Kataloges "Spielzeug aus dem Ei" in Händen. Der ohnehin schon umfangreiche Katalog ist noch einmal gewachsen und zeigt ca. 4000 Objekte auf 480 Seiten. Wir hören oft die Frage: "Ist das jetzt ein Komplettkatalog aller Ferrero-Überraschungen?" Die Antwort muß "Nein" lauten. In den letzten Jahrzehnten waren in den Eiern der Firma Ferrero hunderte, vielleicht tausende von Objekten, die wir hier nicht abbilden konnten. Wir hoffen jedoch, Ihnen einen guten Überblick zu den verschiedenen interessanten Teilgebieten geben zu können. Einen Komplettkatalog wird es wahrscheinlich nie geben, zu vielfältig sind die Überraschungen des Schokokonzerns geraten. Ein solcher Katalog wäre im wahrsten Sinne des Wortes kaum noch tragbar. Außerdem ist es überaus schwierig, wenn nicht gar unmöglich, alle Spielsachen lückenlos zu dokumentieren. Viele Objekte sind für immer in irgendwelchen Kinderspielzeug-Kisten verschwunden oder fanden ihr Ende in einem Staubsauger.

Der Titel "Spielzeug aus dem Ei" ist sachlich nicht ganz richtig, da wir auch Objekte aus Lebensmitteln anderer Hersteller im Katalog aufgeführt haben. Aber ein Titel wie "Spielzeug aus Eiern, Gebäckpackungen, Quarkspeisen und anderen Lebensmitteleinheiten" war uns einfach zu lang. Spielzeugbeigaben anderer Hersteller sind in jüngster Vergangenheit vermehrt in das Interesse der Sammler gerückt. Es finden sich zahlreiche Serien, die begleitend zu Kinofilmen und Comic-Charakteren erscheinen und alleine aus diesem Grund einen Anreiz zum Sammeln bieten. Für Film- und Comic Fans eine interessante Sache. Unüberschaubar ist inzwischen die Anzahl der Serien aus Nudeln, Kuchen, Quarks und Gefrierkost. Kaum ein Lebensmittelbereich wird von der Spielzeugwelle verschont. Besonders in Italien spendieren Lebensmittelfirmen gerne ein Extraportion Spielzeug.

Wenn Sie nicht wissen, wie Sie an die begehrten Stücke kommen können, empfehlen wir Ihnen die Fachhändler und Sammlerbörsen im Anzeigenteil am Ende des Katalogs. Um diesem Buch etwas mehr Langlebigkeit zu verschaffen, haben wir uns entschieden eine Fadenheftung mit einem festen Umschlag zu verwenden. Diese Bindung dürfte auch der intensivsten Nutzung standhalten. Der einzige Nachteil bei dieser Art der Bindung ist die Größe und das Gewicht des Katalogs. Verschiedene Sammler baten uns, doch den Umfang nicht mehr zu erweitern, da "man sich ja mit dem Buch ganz schön abschleppen muß". Zugegeben - wirklich handlich ist er nicht mehr, gerade wenn man unser Nachschlagewerk immer auf Börsen und Flohmärkten mit sich führen möchte. Aus diesem Grund haben wir uns kurzfristig entschlossen zwei Varianten des Buches anzubieten. Der Ihnen vorliegenden Hardcover im Format DIN A5 ist unser Standardwerk, als handliche Alternative bieten wir ab Oktober 1996 eine Taschenausgabe des Katalogs im Format DIN A6 (also Postkartengröße) mit identischem Inhalt. Er ist lediglich eine verkleinerte Version des großen Katalogs - der ideale Begleiter für unterwegs. Die beiden Versionen ergänzen sich als ideale Kombination. Der "Große" ist das ideale Nachschlagewerk für Zuhause, der "Kleine" paßt in die Tasche und ist der ideale Begleiter für unterwegs. Hand aufs Herz, wie oft ist es Ihnen schon passiert, daß sie vor einer Figur oder einem kleinen Auto gestanden haben und nicht wußten, ob das Spielzeug ursprünglich im Ei war oder nicht. Und Sie hatten keinen Katalog bei der Hand um nachzuschlagen. Diese Zeiten dürften mit der Taschenausgabe zukünftig vorbei sein. Sie können sich Ihr persönliches Exemplar mit dem Bestellcoupon im Anhang reservieren. Die Taschenausgabe wird ab ca. Mitte Oktober 1996 auf Börsen, beim Buchhandel oder direkt beim Verlag erhältlich sein.

Weitere Sammlerkatalog aus dem Spielzeugbereich sind geplant. So bereiten wir zur Zeit einen Katalog für Action-Figuren vor. Er wird einen Überblick über Star Wars, Star Trek, Batman, GI Joe, DC Comic, Turtles, Masters of the Universe und viele andere Serien geben. Vielleicht auch eines Ihrer Interessengebiete? Wenn Sie einen Sammlerkatalog über ein anderes Sammelgebiet vermissen, schreiben Sie uns. Wir sind für jede Anregung aus Sammlerkreisen dankbar.

Ü-Ei Figuren als Wertanlage?

Die Sammlerpreise ergeben sich aus einer Umfrage bei führenden Sammlern und Händlern kurz vor Drucklegung. Der Markt befindet sich in ständiger Bewegung, so daß es hier sicherlich bei einzelnen Objekten Abweichungen geben kann. Außerdem bestimmen wie bei allen Sammelgebieten Angebot und Nachfrage den Preis. Dies kann dazu führen, daß auf den Börsen unterschiedliche Preise gefordert und erzielt werden. Aus diesem Grund ist die Preisangabe nur als Richtlinie zu sehen. Entscheidend für den Wert einer Figur ist natürlich auch der Zustand und die Vollständigkeit. Sie sollten besonders bei teuren und seltenen Figuren den Rat eines erfahrenen Sammlers einholen, Sie ersparen sich so vielleicht manche unangenehme Überraschung.

Ähnlich wie andere Sammelobjekte könnte man die kleinen Kostbarkeiten aus dem Ei als Spekulationsobjekt betrachten, die Preisentwicklung der letzten Jahre scheint zumindest dafür zu sprechen. Doch wie bei Aktien liegt in der Spekulation auch ein sehr großes Risiko. Ein Preis kann ohne erkennbaren Grund urplötzlich ins Bodenlose fallen, man hat dies bei anderen Sammelgebieten bereits erlebt. So haben sich auch bei den sehr alten Serien die schwindelerregenden Preise etwas entspannt. Als Wertanlage wäre in den letzten Monaten eine sehr alte Hartplastikfigur wohl kaum zu gebrauchen. Den Sammler freut's, weil er nun etwas günstiger an die begehrten Stücke kommen kann. Andere Serien sind in den letzten Monaten im Preis gestiegen, eine uneinheitliche Tendenz also. Die zahlreichen Fälschungen der teuren Figuren tragen zu einer Verunsicherung bei und stellen die Eierfigur als Wertanlage in Frage. Unsere Empfehlung lautet: "Sammeln was gefällt". Wenn ein Objekt als zu teuer erscheint: lieber auf die nächste Gelegenheit warten. So ist man vor bösen Überraschungen sicher. Zumal der größere Teil der Sammler ohnehin nicht aus Profitsucht nach den Figuren jagt, sondern einfach Freude an den drolligen Gesellen aus Plastik hat. Viele nette Leute kann man bei dem Hobby allemal kennenlernen.

Einen herzlichen Dank an dieser Stelle an die vielen Sammler, die und mit sehr viel Fleiß und Ausdauer bei diesem Werk unterstützt haben. Nur durch die unermüdliche Hilfe unserer Sammlerfreunde und Leser ist es uns wieder einmal gelungen, den Katalog zu vervollständigen und zu verbessern. Wir erhielten Lob, aber auch Tadel und haben uns bemüht, so viele Anregungen wie möglich umzusetzen. Beachten Sie auch die vielen Backrezepte, die uns von Sammlern zugeschickt wurden. Leider konnten wir in diese Ausgabe aus Platzgründen nicht alle Rezepte aufnehmen. Wir sind auch weiterhin für alle Verbesserungsvorschläge dankbar. Es war für das ganze Verlagsteam eine Freude in den letzten Wochen und Monaten an diesem Katalog zu arbeiten und wir hoffen, daß Ihnen unser Buch bei Ihrem Hobby eine Hilfe sein wird.

Ihr Team des SU Verlages, August 1996

Wie funktioniert das Buch?

Wenn Sie diese Zeilen lesen, haben Sie mit Sicherheit das Buch schon einmal durchgeblättert und fragen sich jetzt: "Wieso denn eine Erklärung, da sieht man doch alles!“

Es war unser Bestreben, die Handhabung des Kataloges so einfach wie möglich zu gestalten. Aus diesem Grund haben wir immer komplette Serien und das entsprechende Umfeld auf einer Doppelseite abgebildet. Das heißt, wir zeigen Beipackzettel, Palettenanhänger, Puzzles, Dioramen und ähnliches zusammen mit den entsprechenden Sammelobjekten. Auf diese Weise gewinnen Sie einen schnellen Überblick aller zu einer Serie gehörenden Gegenstände (soweit uns diese für die Abbildung zur Verfügung standen) und müssen nicht im Katalog hin und her blättern.

Die Preise und nötige Erklärungen zu den Objekten sind in Tabellen zu den Abbildungen enthalten, dabei beziehen sich alle Angaben auf einen neuwertigen Zustand. Es dürfen keine Beschädigungen vorliegen und das Zubehör muß komplett vorhanden sein. Wertangaben und Beschreibungen zu den Dioramen und ähnlichem stehen neben bzw. unterhalb des entsprechenden Objekts. Lediglich die Kameras und Guckkästen befinden sich im hinteren Teil des Kataloges. Da diese auf den Abbildungen immer identisch aussehen würden, zeigen wir sie im Abschnitt Spielzeug mit einer umfangreichen Liste der erschienenen Modelle.

Der Bereich Spielzeug ist in dieser Ausgabe ausführlicher behandelt als in der Letzten. Wir haben Serien zu verschiedenen Themengebieten eingefügt, wobei das Kapitel Autos sowohl deutsche als auch ausländische beeinhaltet. Viele Serien erscheinen mehrmals in verschiedenen Ländern, sind aber im Katalog nur einmal abgebildet.

Die Sammlertips sind farbig hinterlegt und enthalten ergänzende Hinweise und Tips, z.B. finden sich hier wertvolle Informationen zu Fälschungen, zur Archivierung und zum Aufbau einer Sammlung, neu sind die Rezeptvorschläge.

Serienname **Anzahl** **Erscheinungjahr**

Abenteuer im Weltraum **3 Stück 1981**

Nr.	Name - Info	Preis DM
1	Claudius der Bordtechniker	330
2	Raumkommandant Tiberius	100
3	Hella die Computer-Coordinatorin	100

Bildnummer **Objektname und Zusatzinfo wie Zubehör, Kennung oder Ausführung**

Eier und mehr ...

Neben den "Überraschungs-Eiern" gibt es auch noch andere Leckereien, die ab und zu in besondere Verpackungen gesteckt werden. So zum Beispiel die "Happy Hippo Snacks" oder die "Schoko-Bons". Auf dieser Seite zeigen wir eine Auswahl dessen, was unter anderem auch im europäischen Ausland angeboten wird.

Diese Figuren stammen aus Italien.

Ein englisches Maxiei. Es enthielt immer 3 Dschungelbuchfiguren.

Ein Hanny Bunny aus Deutschland.

Eine Überraschungskugel aus dem Ausland.

Ebenfalls aus Deutschland:
Peppy Pingos gefüllt mit Schoko-Bons.

Happy Hippo-Snacks aus Deutschland.

Überraschungseier ohne Ende und zu jedem Fest die richtige Geschenkpakkung. So gab es zur Osterzeit Hasen und auch ein Osternest ...

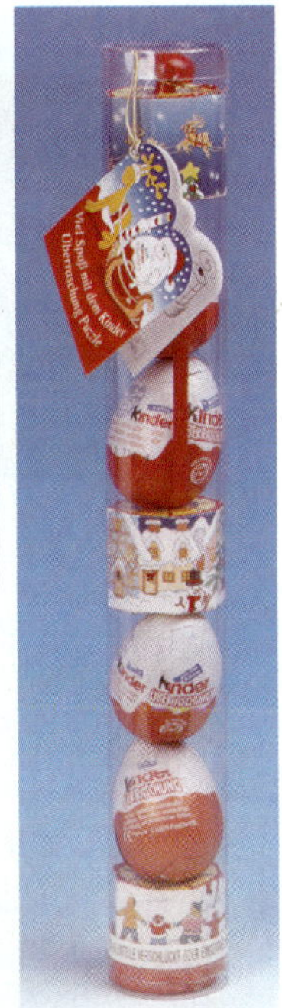

... sowie an Weihnachten einen Nikolausstiefel und einen Schlitten mit Weihnachtsmann.

Was liegt näher als die Eier im gleichnamigen Karton unterzubringen. Ein gelungener Werbegag.

Mittlerweile werden nicht nur die Inhalte der Eier gesammelt, sondern auch jede Art von Werbematerial. So zum Beispiel die auf die jeweils aktuelle Figurenserie hinweisenden Palettenanhänger. Hier zeigen wir allerdings nur einige neutrale Anhänger, die Palettenanhänger zu den jeweiligen Sammelserien finden Sie im Inneren des Katalogs.

Auf diese Weise reagierte der Schokohersteller auf rabiate Sammler, die mit unschönen und recht unfairen Methoden versuchen an die begehrten Figuren zu kommen.

Das Bild zeigt eine "Zauberbox" aus dem Jahre 1986. Durch einen Schiebetrick kann man hier die Überaschungen verschwinden lassen.

Auf dem Foto rechts sieht man ein weiteres Werbe-Utensil. Dieses "Eierauto" dient nur zur Dekoration, selbst für Kleinkinder ist es nicht möglich darin zu fahren.

Weiterhin gibt es auch noch die Dioramen. Diese werden von Ferrero lediglich zu Werbezwecken als Präsentationsbox für die neuen Figuren hergestellt und sind nicht für den Verkauf an den Endkunden gedacht.
Es gibt jedoch Setzkästen, die Ferrero dem Publikum zugänglich macht. Diese sind natürlich immer schnell vergriffen. Unten sehen Sie einen solchen Setzkasten. In einem Holzkoffer befindet sich eine kleine Stadt, in die man seine Figuren und Autos aus den Ü-Eiern stellen kann.

Dieses ferngesteuerte Auto erschien in Deutschland zur Serie "Micky und seine Freunde". Der Wert liegt bei ca DM 600,-

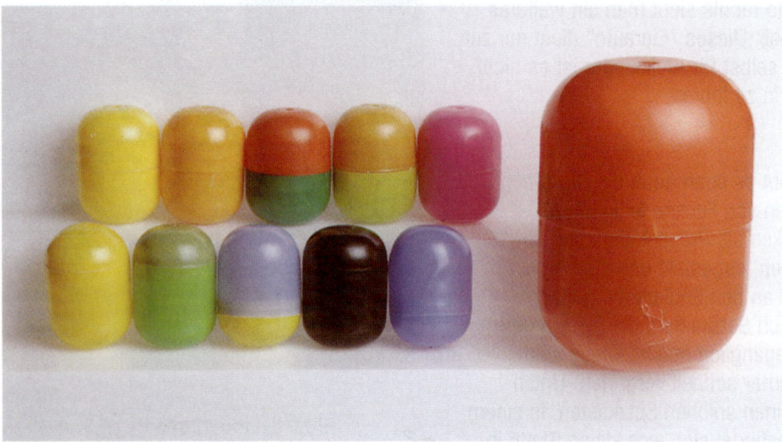

Verschiedene Plastikkapseln unterschiedlichen Alters. Die große Kapsel ganz rechts stammt aus dem italienischen Maxiei. Die ältesten Kapseln besitzen eine asymetrische Aufteilung, bei der eine Seite größer ist. Die aktuellen Kapseln lassen sich in der Mitte teilen und haben einen Wulst an den beiden Enden.

Diese Lunchbox für eine standesgemäße Milchmahlzeit erschien in Benelux und Italien.

Verschiedene Werbepins. Der Linke erschien in Deutschland, die beiden Rechten stammen aus Benelux.

Der aufblasbare "Eiermann" als Dekoartikel. Dies ist die Figur, mit der heute für das Überraschungsei geworben wird.

Bis Mitte der achziger Jahre wurde mit einer blonden Kinderfigur geworben, die sich auch als Abbildung auf alten Werbematerialien wiederfindet (siehe Seite 21).

Seit kurzem wirbt Ferrero mit Paletten-anhängern für die Eierhütchen.

Schon seit vielen Jahren verziert Ferrero seine Überraschungseier. Diese "Eierhütchen", wie sie in Sammlerkreisen auch genannt werden, zeigten früher verschiedene Sommer- und Wintermotive. Später wurden parallel zu den Hartplastikfiguren auch die Eierhütchen mit den entsprechenden Charakteren bedruckt. So gab es die Happy Hippos nicht nur im, sondern auch auf dem Ei.

Man muß jedoch die Hütchen in zwei verschiedene Gruppen unterteilen: Klebebilder und Baumschmuck. Erstere liegen bei neueren Eier-hütchen (seit der Schlumpf-Parade) als selbstklebende Bilder vor, alle älteren, wie zum Beispiel Bambi oder Robin Hood, benötigten für den notwendigen Halt noch ein paar Tropfen Klebstoff. Als Baumschmuck dagegen bezeichnet man alle Eierhütchen, die in der Spitze zwei Löcher aufweisen. Dort kann man ein Bändchen durchfädeln und je nach Anlaß den Weihnachtsbaum oder den Osterstrauß schmücken.

Heiri Roth

Der gebürtige Schweizer Heinrich Roth hat sich als selbständiger Industriedesigner einen Namen gemacht. Er arbeitete bereits für renommierte Unternehmen wie z. B. Rollei, Pelikan, Ravensburger und viele andere.
An dem Werdegang der Überraschungseier aus dem Hause Ferrero hatte er über viele Jahre einen großen Anteil. In den Jahren zwischen 1977 und 1984 entwarf er über 1000 Ideenvorschläge, von denen zahlreiche umgesetzt wurden. Eine der ersten systematischen Figurenserien waren die von Ferrero patentierten Steckfiguren aus der Ideenschmiede von Heiri Roth. Er war von dem Gedanken fasziniert, in dem Ei Spielsachen unterzubringen, die größer als das Ei selbst waren. Diese Idee setzte er mit vielen seiner Designentwürfe in die Realität um. Erste Figur der Serie war ein Mann mit Hammer, dieser "Hans Hämmerli" prägte den Namen der ganzen "Hämmerli-Serie". Aus 12 Einzelteilen zusammengesetzt hat der kleine Mann eine stolze Höhe von ca. 7 cm. Beachtlich wenn man bedenkt, daß die Abmessungen des meist gelben Ei's (4,5 cm mal 3 cm) eine solche Endgröße nicht vermuten lassen.

Aber nicht nur Figuren entstanden im Hause Roth. Für erste Themenserien wie Hafenwelt, Ritterwelt oder Weltraumwelt entwickelte er Spielsachen, die zu einem kompletten Spielfeld kombiniert werden konnten. Raketen mit einer Höhe bis zu 30 cm, Raumgleiter und Satelliten bevölkerten die Kinderzimmer genauso wie Türme und Zelte aus der Ritterzeit. Ob zu Pferd, mit dem Wagen oder über den Wolken, Roth mobilisierte Kinderträume.
Für Ferrero durfte Roth nicht nur die Ideen liefern, er baute auch funktionstüchtige Prototypen und entwarf die Bastelanleitungen. Für den Perfektionisten Roth eine Selbstverständlichkeit. Es gab kein Spielzeug, welches nicht den rauhen Testalltag seiner eigenen Kinder hinter sich bringen mußte. Von den unzähligen Ideen lagern noch viele unveröffentlicht in den Schubladen der Designschmiede. Vielleicht kommt auch einmal die Zeit für diese Objekte. Heiri Roth mangelt es nicht an Ideen

für immer neue Spielsachen. Zur Zeit vermarktet die Firma Roth + Frank KinderFARM-Tiere, welche aus Pappe gefertigt werden und von den Kindern selbst bemalt werden können. Der Erfinder zu seinen Spiel-Ideen: "Spielsachen müssen Kreativität ermöglichen, nicht unterdrücken." In diesem Sinne wünschen wir dem Designer auch weiterhin viele innovative Einfälle.

Der Urvater einer ganzen Serie und vieler Nachfolger: "Hans Hämmerli", die erste Figur des patentierten Systems von Erfinder Roth.

Erlebniswelten von

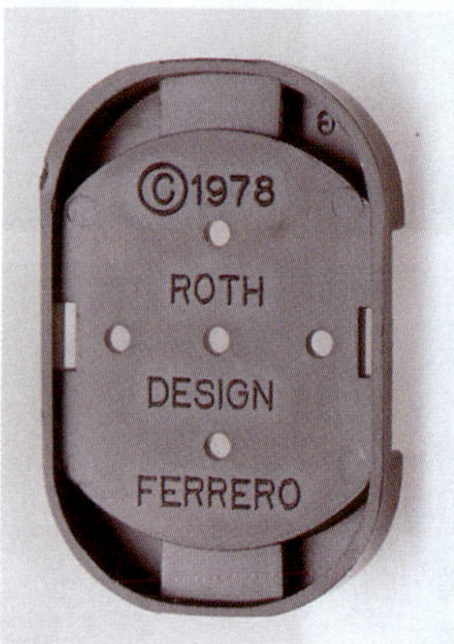

Viele Objekte tragen die Handschrift des Designers. Hier die Basisplatte für verschiedene Objekte und Fahrzeuge aus der Weltraumwelt.

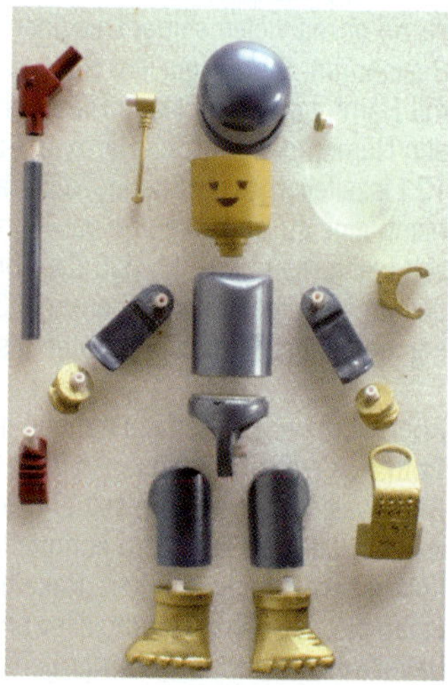

Durch die geschickte Anordnung der Einzelteile kann eine Figur entstehen, die größer ist als das Ei.

Hans Hämmerli und seine Freunde im Prototypenstadium. Nicht alle wurden von Ferrero verwirklicht.

Der aufblasbare Katamaran fand leider nie den Weg ins Ei. Mit über 20 cm Länge war auch er, genau wie "Hans Hämmerli" und seine Freunde, größer als das Ei aus dem er schlüpfen sollte.

Das Ei als wesentlichen Bestandteil in das Spielzeug zu integrieren, war ein Bestreben des Designers Roth. Seine Marionette benötigt das gelbe Plastikei als Körper.

Der Nachfolger der deutschen Maxi-Eier war die "Kinder-Freude". Das Kunststoffei besaß einen transparenten Deckel und beherbergte Schoko-Eier ähnlich den heutigen "Schoko-Bons". Im orangen Unterteil befanden sich verschiedene Spielsachen.

Ferrero

Lange vor Hippos, Zwergen und Fröschen entstanden komplexe Spielzeugzyklen zu einzelnen Themenbereichen. Hafen-, Ritter-, Weltraum-, Westernwelt und der Rummelplatz sind einige der Grundthemen der Achtziger Jahre. Auf den nachfolgenden Seiten findet sich ein Großteil der Objekte, die innerhalb der sogenannten Spielwelten erschienen sind. Hierzu zählen nicht nur Hartplastik und Steckfiguren, sondern auch Spielsachen und Fahrzeuge aller Art. Die Spielumgebung konnte aus Objekten in den Eiern und aus Bastelbögen kombiniert und erweitert werden, jedes Kind konnte so Stück für Stück sein eigenes individuelles Spielfeld aufbauen.

Zur Ritterwelt gab es Türme und Burgen, Katapulte und Streitwagen, Zelte, Ritter und Zugbrücken. Kurzum - das Ei beherbergte alle Attribute einer zünftigen Ritterwelt.
Die verschiedenen Serientypen wurden auf das jeweilige Thema abgestimmt. So waren Hans Hämmerlis Kollegen genauso in Ritterkleidung zu finden wie später als Astronauten in der Weltraumwelt. Die Hartplastikfiguren dieser Zeit unterwarfen sich ebenfalls dem Kostümzwang des Themas. Unter der landläufigen Bezeichnung "Perry Rhodan Serie" beweisen die steckbaren Hartplastikfiguren bei "Abenteuer im Weltraum" ihre Raumtüchtigkeit. Wie die Figuren im Original hießen ist mittlerweile auch bekannt, da Beipackzettel und die Bastelbögen Aufschluß darüber geben. Dank der guten Mithilfe vieler Sammler ist es uns in dieser Ausgabe möglich weitere Objekte der Spielwelten abzubilden, weiterhin können wir nun auch einen Einblick in die Welt des Hafens geben. Die Beipackzettel weisen auch dort, genau wie in der Ritter und Weltraumwelt, auf Bastelbögen hin.

Alle Objekte der genannten Spielwelten sind heute sehr selten. Es dürfte für einen Sammler sehr schwer, wenn nicht gar unmöglich sein, diese zu komplettieren. Ein interessantes Sammelgebiet stellen diese Themenbereiche auf alle Fälle dar. Wer sich intensiv mit diesem Thema befaßt, wird sicherlich noch auf so manche bisher unbekannte Rarität stoßen.

Dies ist der Deckel eines Verkaufsdisplays mit verschiedenen Abbildungen zur Ritterwelt. Für Sammler sind solche Werbemittel häufig die einzige Möglichkeit, um den Nachweis der Authentizität für einzelne Objekte zu führen.

Das Ritterfest von Freudenberg — 8 Stück

Nr.	Name - Info	Preis DM
2	Prinz Richard Löwenherz - Schild und Schwert	350
3	Sieglinde - Kerzenleuchter	380
4	Burgfräulein - Teller	360
5	Ritter Kunibert - Streitaxt	340
6	Ritter Heinrich - Keule	370
7	Nero	300
8	Der Waffenständer - Lanzen und Fahne	350

Verschiedene Beipackzettel: Je DM 130,-

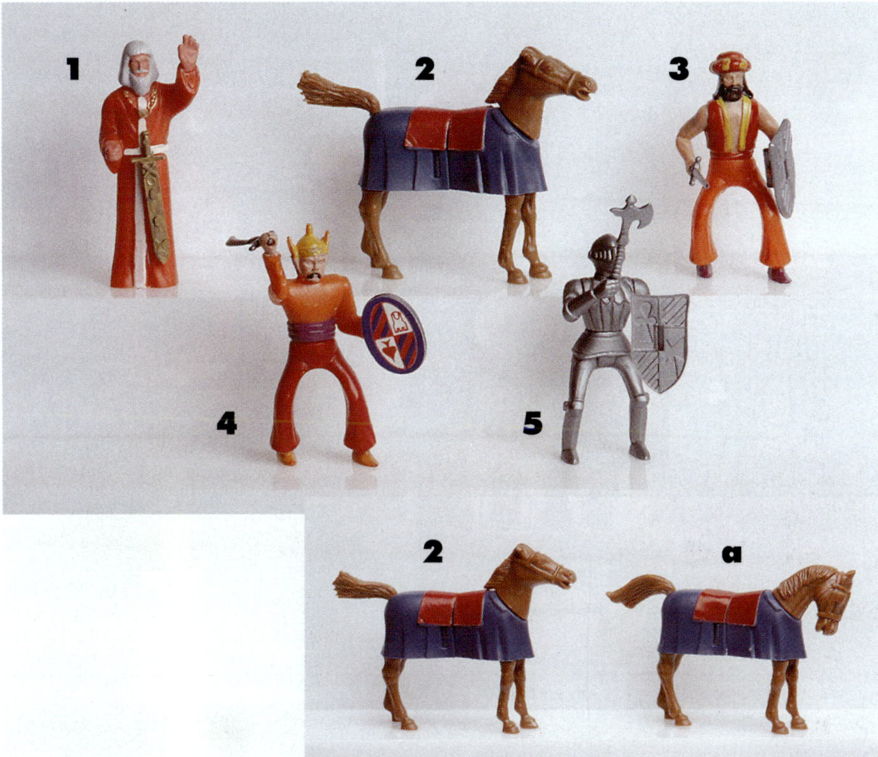

Das Ritterfest von Freudenberg

5 Stück

Nr.	Name - Info	Preis DM
1	König Richard	480
2	Tamaro	540
a	Tamaro - andere Kopf- und Schweifhaltung	530
3	Ali Ben Agba	420
4	Ragai Khan	410
5	Ritter Blaubart	420

Verschiedene Beipackzettel: Je DM 160,-

Das Ritterfest von Freudenberg **6 Stück**

Nr.	Name - Info	Preis DM
1	Katapult	200
2	Turm 1	240
3	Turm 2	240
4	St. Georgen - Das Kloster der Ordensritter	210
5	Pancho - Der treue Lastesel	220
6	Die Burgkapelle von Friedenfels (ohne Abbildung)	220

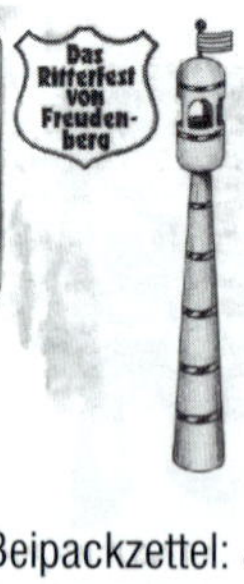

Verschiedene Beipackzettel: Je DM 110,-

Das Ritterfest von Freudenberg

4 Stück

Nr.	Name - Info	Preis DM
1	Zugbrücke	250
2	Burgturm	250
3	Sturmbrücke	250
4	Gittertor	250

Verschiedene Beipackzettel: Je DM 110,-

Das Ritterfest von Freudenberg **2 Stück**

Nr.	Name - Info	Preis DM
1	Das Zelt von König Richard dem Starken	220
2	Das Zelt von Ritter Kunibert	220

Verschiedene Beipackzettel: Je DM 110,-

Rezeptvorschlag

Wir hatten unsere Leser in der letzten Ausgabe gebeten, uns ihre Rezeptvorschläge für die beim Sammeln anfallenden Unmengen an Eier-Schokolade zuzuschicken. Sie finden eine Auswahl der eingesandten Vorschläge in diesem Katalog. Wir möchten uns bei allen Einsendern herzlich bedanken und wünschen viel Spaß beim Backen und Kochen!

"Ü-Ei-Schokoladen-Rotweinkuchen":
von: Herwart & Jenny Welsch, Bonn

Zutaten: 300g Zucker, 300g Mehl, 300g Butter (geschmolzen),
5 kl. Eier, 1 P. Vanillezucker, 1 P. Backpulver,
150g Ü-Ei-Schokolade, 1 Kaffelöffel Zimt, 1/8 Liter Rotwein

Mehl mit dem Vanillezucker und dem Backpulver mischen. Zucker in eine Schüssel geben, Eier untermengen. Unter Rühren das Mehl und die geschmolzene Butter dazugeben. Nach und nach auch die anderen Zutaten beigeben. 1 Stunde bei 200 Grad backen. Napfform mit Butter ausstreichen und mit Zwieback einreiben. Schmeckt nach mehr...

Das Ritterfest von Freudenberg — 4 Stück

Nr.	Name - Info	Preis DM
1	Der Streitwagen	150
2	Römische Galeere	150
3	Neros Lastenwagen	150
4	Exadon	150

Verschiedene Beipackzettel: Je DM 110,-

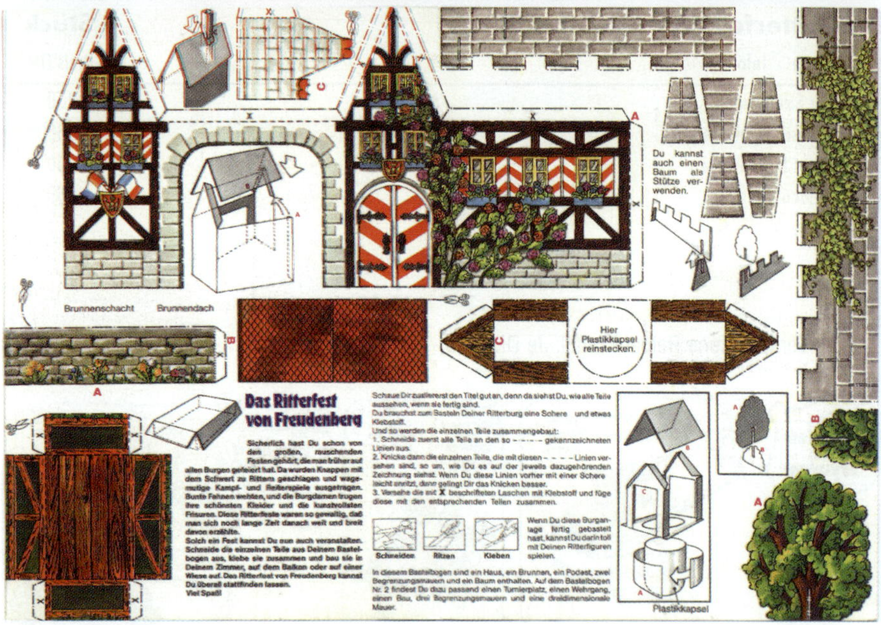

Die Bastelbögen, von denen heute nur noch einzelne Exemplare erhalten sind, wurden im Geschäft für DM 0,30 verkauft. Das Orginalformat ist DIN A4 (4-seitig). Vermutlich wurden in den 80er Jahren auch noch andere Motive als Bastelbogen herausgebracht.

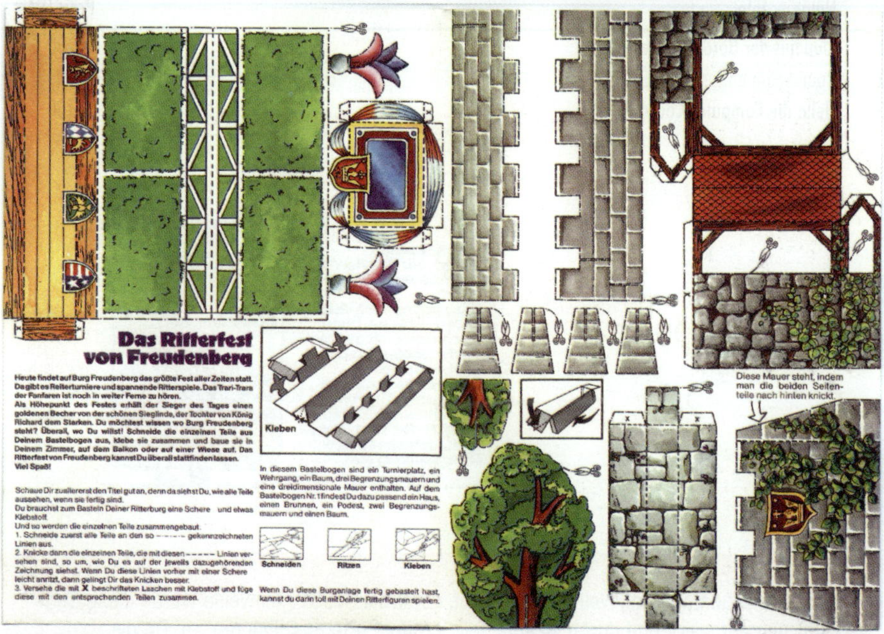

Das Ritterfest von Freudenberg **2 Stück**

Nr.	Name - Info	Preis DM
1	Bastelbogen 1	Liebhaberpreis
2	Bastelbogen 2	Liebhaberpreis

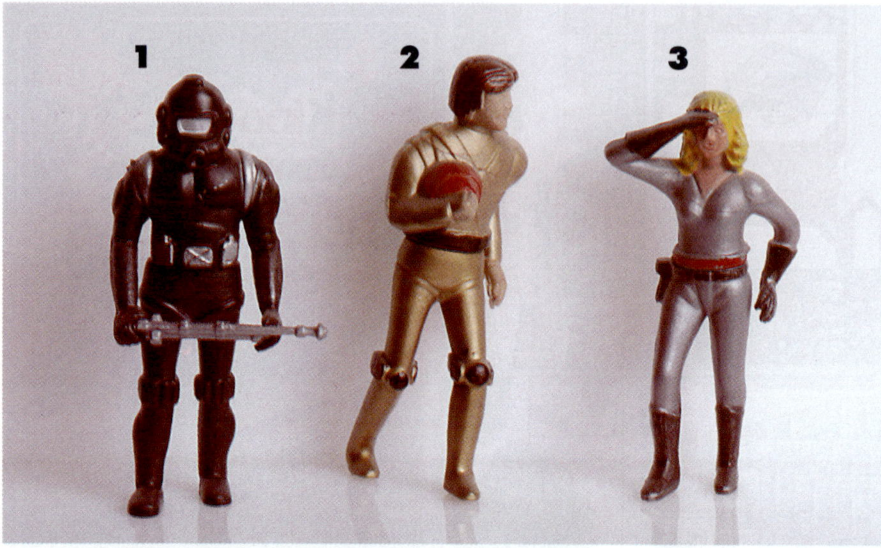

Abenteuer im Weltraum

3 Stück 1981

Nr.	Name - Info	Preis DM
1	Claudius der Bordtechniker	330
2	Raumkommandant Tiberius	100
3	Hella die Computer-Coordinatorin	100

Beipackzettel: DM 120,-

Die Serie "Abenteuer im Weltraum" erschien erstmals 1981. Teilweise wurde diese Serie 1986 neu aufgelegt und durch weitere Teile ergänzt (Puzzles, Figuren ...). Da die Weltraumwelt neben der Ritterwelt zu den ersten umfangreichen Sammelgebieten zählt, haben wir diese an den Anfang des Katalogs gestellt. Genau wie zur Ritterwelt gab es für die Serie "Abenteuer im Weltraum" ein Bastelbogenset.

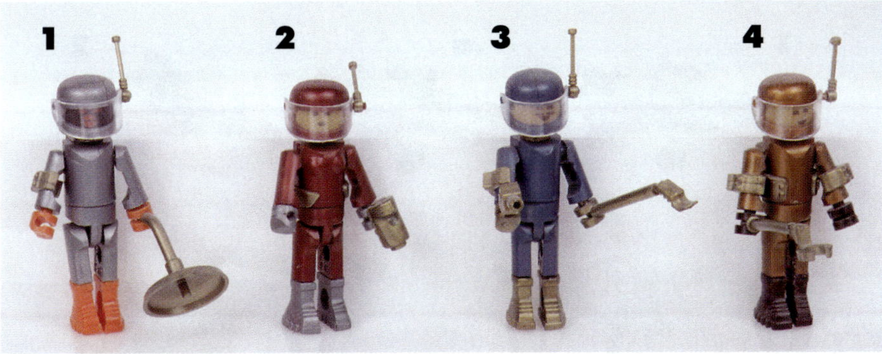

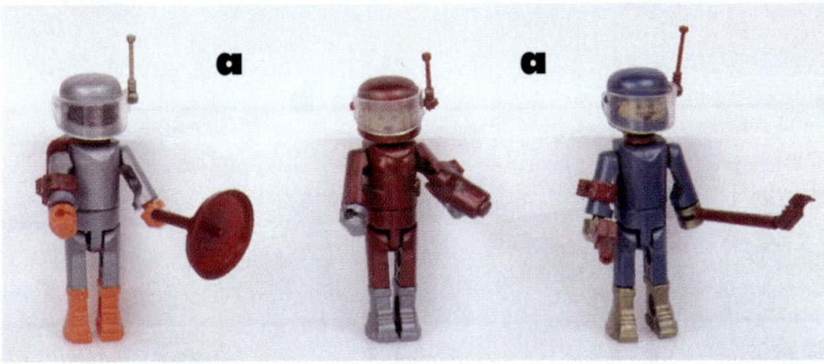

Abenteuer im Weltraum

4 Stück 1981

Nr.	Name - Info	Preis DM
1	Marso Polo	170
2	Ramonda	170
3	Merkurt	170
4	Jupeter	170
a	Farbvarianten	170

Verschiedene Beipackzettel: Je DM 110,-

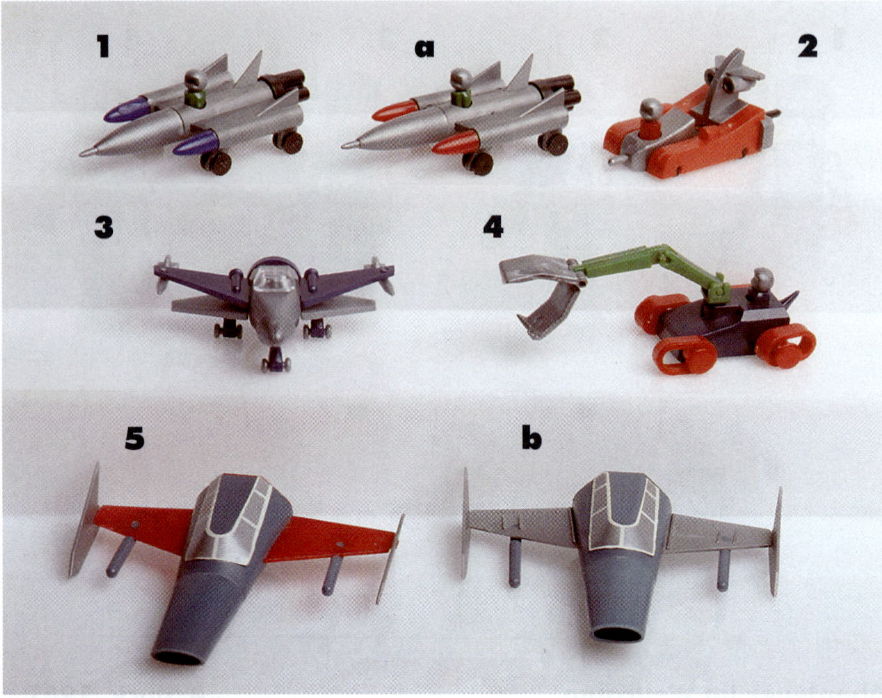

Abenteuer im Weltraum 5 Stück 1981

Nr.	Name - Info	Preis DM
1	Raumaufklärer Tristar	80
a	Raumaufklärer Tristar	80
2	Firewheel	80
3	Erkundungsflieger Stratos III	100
4	Ring-Walz-Bagger	80
5	Raum-Jet Merkur	50
b	Raum-Jet Merkur	50

Verschiedene Beipackzettel: Je DM 70,-

Dein Merkur gehört zur Spielserie „Abenteuer im Weltraum". Dazu gibt es noch viele andere schöne Überraschungen, mit denen Du die tollsten Sachen erleben kannst. Bastelbögen, die zur Spielserie „Abenteuer im Weltraum" passen, erhältst Du dort, wo es Kinderschokolade-Überraschung gibt.

Abenteuer im Weltraum

6 Stück 1981

Nr.	Name - Info	Preis DM
1	Kurzstreckenrakete Saturn	150
2	Antara 5 Stufenrakete	170
3	Raumtransporter Sky-Truck	200
4	Galaxy Rakete	70
5	Containerrakete Phönix	170
6	Landefähre Stella 1	90

Verschiedene Beipackzettel: Je DM 75,-

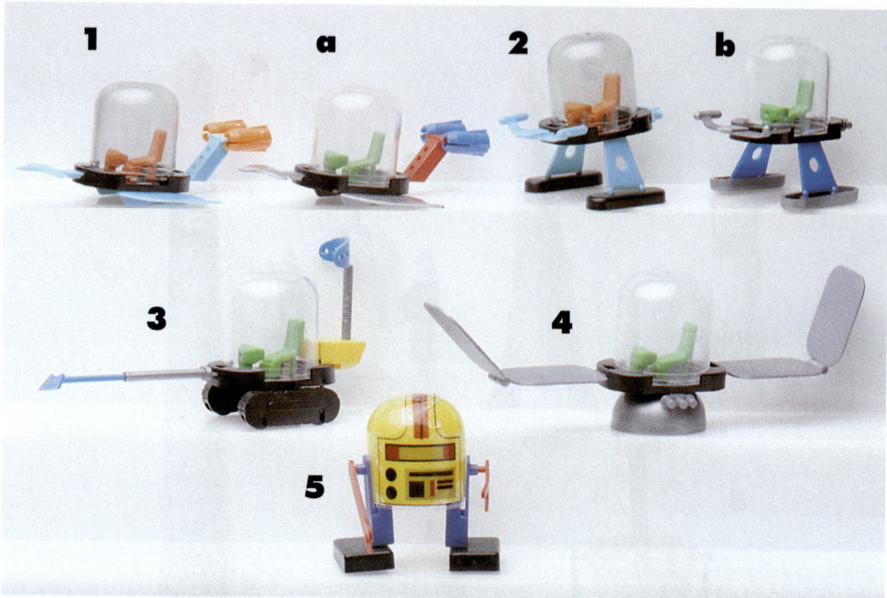

Abenteuer im Weltraum

6 Stück 1981/86

Nr.	Name - Info	Preis DM
1	Raumgleiter Todero - erschien 1986	30
a	Raumgleiter Todero - erschien 1981	70
2	Mobile Raumstation Alpha 3 - erschien 1986	50
b	Mobile Raumstation Alpha 3 - erschien 1981	70
3	Raum-Geländefahrzeug Explorer	70
4	Energiesatellit Hercules	70
5	Mecha Y 7	70
6	Maxiplus (ohne Abbildung)	40

Verschiedene Beipackzettel: Je DM 60,-

Abenteuer im Weltraum — 1 Stück 1981

Nr.	Name - Info	Preis DM
1	Raumstation Gamma XI	90

Beipackzettel: DM 60,-

Verschiedene Beipackzettel:
Schwarzweiß 1981 DM 60,-
Farbig: 1986 DM 28,-

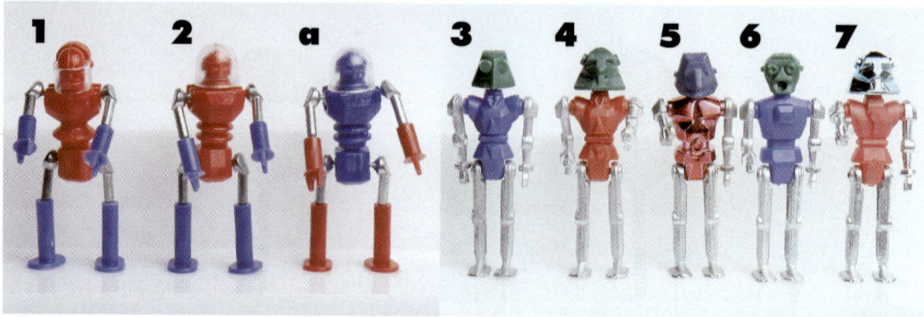

Abenteuer im Weltraum

7 Stück 1981

Nr.	Name - Info	Preis DM
1	Perses, der Andoide	80
2	Owana, vom Planeten Antares	80
a	Owana, vom Planeten Antares - Farbvariante	80
3	Epsylon, der Androide	90
4	Androide 1	90
5	Androide 2	90
6	Androide 3	90
7	Androide 4	90

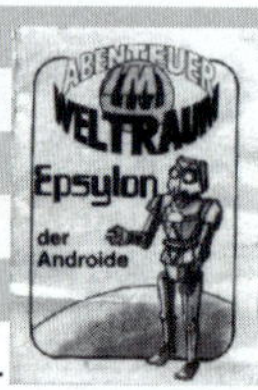

Versch. Beipackzettel: Je DM 70,-

Beipackzettel: Je DM 50,-

Weltraum Roboter

3 Stück 1986

Nr.	Name - Info	Preis DM
1	Jack	21
a	Jack - Farbvariante	22
2	Alpha	21
3	Raumritter	21
b	Raumritter - Farbvariante	22

Beipackzettel: DM 28,-

Die Kleinsten im Weltraum

5 Stück 1986

Nr.	Name - Info	Preis DM
1	Ralphy	17
a	Ralphy - Farbvariante	18
2	Slotter	17
b	Slotter - Farbvariante	18
3	Wurry	17
c	Wurry - Farbvariante	18
4	Megha	17
d	Megha - Farbvariante	18
5	Robby	17
e	Robby - Farbvariante	18

Abenteuer im Weltraum

3 Stück 1986

Nr.	Name - Info	Preis DM
1	Astronauten	40
2	Euronauten	26
3	Kosmonauten	26

Puzzle: Je einzelne Puzzleecke DM 110,-

Puzzlebeipackzettel je DM 60,- (o. Abb.)

Verschiedene Beipackzettel: Je DM 60,-

Die Superstarken im Weltraum

6 Stück

Nr.	Name - Info	Preis DM
1	Mac das Superauge	19
2	Schrauber Joe	19
3	Joker Jack	19
4	Ingenieur	19
5	Robin	19
6	Telechamp	19

Beipackzettel: DM 22,-

Rezeptvorschlag

"Funny-Fanten-Frucht"
von: Solveig Jochum, Hebbelstrasse 56, 55127 Mainz

Ü-Ei-Schokolade schmelzen, gewaschene Obststücke hineintauchen, auf dem Kuchenrost trocknen.
Tip: Wenn die Früchtchen den Heißhunger der Familie überstehen, eignen sie sich prima als Geschenk.

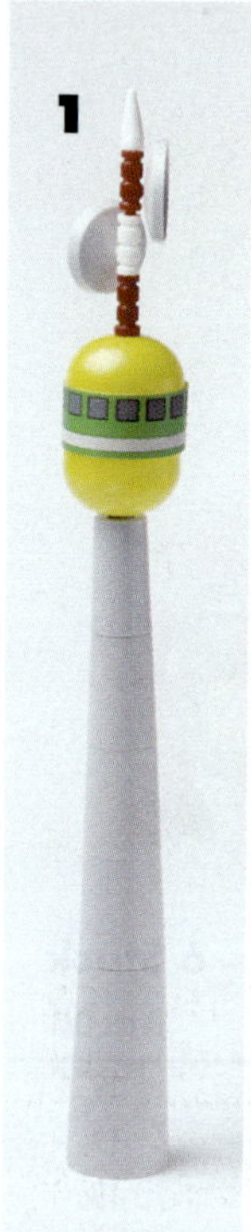

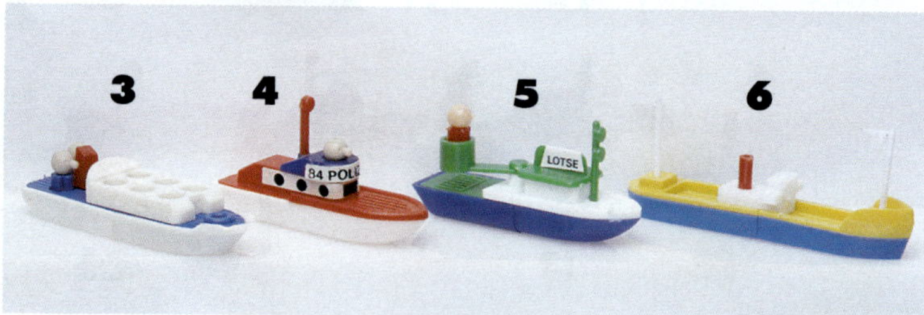

Der Hafen - das Tor zur Welt

11 Stück

Nr.	Name - Info	Preis DM
1	Fernsehturm	400
2	Kompass	130
3	Passagierschiff	140
4	Polizeiboot	140
5	Lotsenboot Delphin	140
6	Bananenfrachter Albatros	140
7	Hubstabler	150
8	Containerschiff Atlantica (ohne Abbildung)	150
9	Taucher Felix (ohne Abbildung)	150
10	Schlepper Seestern (ohne Abbildung)	150
11	Hafenkran (ohne Abbildung)	150

Verrschiedene Beipackzettel: Je DM 190,-

Fahrzeuge von Roth-Design

7 Stück 1980-82

Nr.	Name - Info	Preis DM
1	LKW als Kranwagen	300
2	LKW als Sattelschlepper	300
3	LKW als Betonmischer	300
4	LKW als Kipper	300
5	LKW als Hebekran	300
6	LKW als Kesselwagen	300
7	LKW als Feuerwehr	300

Beipackzettel: DM 200,-

Dein Spezial-Tanklaster gehört zur Spielserie Hafen.

Dazu gibt es noch viele andere interessante Überraschungen für einen richtigen Hafen. Bastelbögen mit Kaimauern, Straßen und Häusern findest Du da, wo es Kinderschokolade Überraschung gibt.

Der Hafen – das Tor zur Welt

Der Spezial-Tanklaster

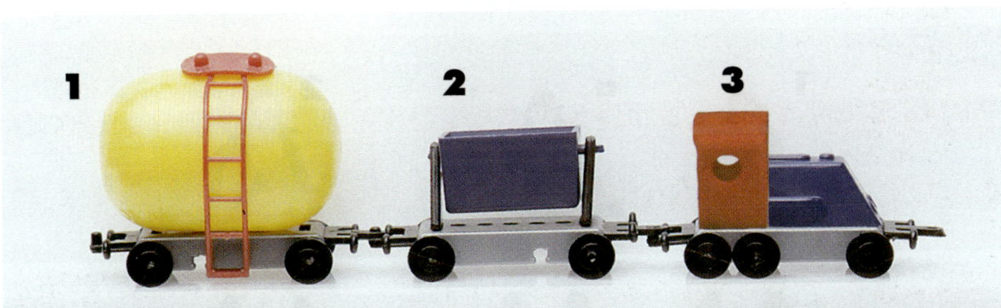

Eisenbahn von Roth-Design

3 Stück 1980

Nr.	Name - Info	Preis DM
1	Tankwaggon	200
2	Hanne, die schnelle Lore	200
3	Lokomotive	200

Gardegrenadiere der englischen Königin **4 Stück**

Nr.	Name - Info	Preis DM
1	Gardegrenadier	150
2	Gardegrenadier mit Trompete	150
3	Gardegrenadier mit Gewehr und Stab	300
4	Gardegrenadier mit Gewehr	230

Trachten **2 Stück**

Nr.	Name - Info	Preis DM
1	Andalusierin	50
2	Mann mit Korb	50

Piraten **2 Stück**

Nr.	Name - Info	Preis DM
1	Pirat mit Pistole und Säbel	950
a	Farbvariante	950
2	Pirat mit Säbel	950

Uniformen

15 Stück

Nr.	Name - Info	Preis DM
1	Soldat mit Posaune	130
2	Soldat	140
3	Soldat mit Dreispitz	130
4	Soldat mit Dreispitz und Dokument	130
5	Soldat mit Dreispitz, grüßend	130
6	Soldat mit Feldstecher	130
7	Soldat mit Säbel und Uniformjacke	180
8	Soldat mit Horn	130
9	Soldat mit Flaggenstange	320
10	Soldat mit Säbel	130
11	Soldat mit Gewehr	150
12	Soldat mit Säbel und Gewehr	130
13	Soldat mit Trommel	140
14	Soldat mit Gewehr und Tornister	160
15	Soldat mit Gewehr	180

Figuren in unterschiedlichen Größen

Berufe

3 Stück

Nr.	Name - Info	Preis DM
1	Jurist	200
2	Feuerwehrmann	380
3	Polizist	170
a	Farbvariante	310

Ein Pharao und seine Soldaten

6 Stück

Nr.	Name - Info	Preis DM
1	Soldat mit Speer	1070
2	Soldat	1100
3	Soldat mit Axt	1070
a	Farbvariante	1110
4	Soldat mit Speer und Sichelmesser	1070
5	Soldat mit Wedel (ohne Abbildung)	1100
6	König / Pharao (ohne Abbildung)	1070

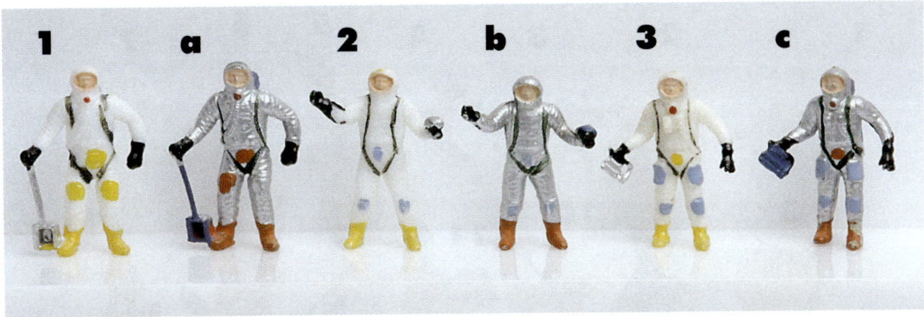

Astronauten

3 Stück 1978

Nr.	Name - Info	Preis DM
1	Astronaut, weiß	310
2	Astronaut mit Metallsucher, weiß	320
3	Astronaut, weiß	290
a	Astronaut, silber	160
b	Astronaut mit Metallsucher, silber	160
c	Astronaut, silber	150

Schildkröten

4 Stück

Nr.	Name - Info	Preis DM
1	Panzerschildkröte	60
2	Alligatorschildkröte	23
3	Galapagosschildkröte	29
4	Diamantschildkröte	100

Einge der älteren Hartplastikfiguren gibt es in zwei verschiedenen Größen. Dies kann man unter anderem bei den Schildkröten und den Kinderfiguren feststellen. Da Ferrero während der ersten "Eierjahre" viele der Überraschungen bei anderen Firmen eingekauft hat, besteht die Möglichkeit, daß manche Objekte auch unabhängig von Ferrero auf den Markt gebracht wurden. Wir bilden in den meisten Fällen nur eine Version ab.

Achtung!

Die hier abgebildeten Tiere sind wahrscheinlich aus dem Ei. Da jedoch keine Beipackzettel vorhanden sind ist dies nicht bewiesen. Unter versierten Sammlern existieren verschiedene Auffassungen über die Sammelwürdigkeit und den Wert der Serie und ihrer einzelnen Objekte. Es bleibt letztendlich jedem Einzelnen überlassen ob er eine dieser Figuren in seine Sammlung aufnimmt, wir möchten hier bewußt keine Empfehlung aussprechen. Dies gilt auch für die Serie "Hunde“ und die Serien "verschiedene Figuren“.

Tierfiguren

28 Stück

Nr.	Name - Info	Preis DM
1	Junger Fuchs	200
2	Fuchs	30
3	Fuchs	300
4	Fuchs	300
5	Uhu	160
6	Eule	40
7	Frosch	40
8	Schnecke	40
9	Stinktier	200
10	Otter	30
11	Streifenhörnchen	30
12	Dachs	30
13	Waschbär sitzend	280
14	Junges Eichhörchen	220
15	Gams	330
16	Hase	120
17	Rehkitz liegend	40
18	Waschbär, sitzend	40
19	Reh	300
20	Reh	230
21	Reh stehend	220
22	Känguruh	300
23	Waschbär, laufend	40
24	Lama	340
25	Katze liegend	310
26	Elefantenbaby	300
27	Brumbrum, der Weltmeister im Eisesssen (Zirkus Lilliput)	150
28	Brülli, der Junior-Löwe (Zirkus Lilliput)	140

Tierkinder

4 Stück

Nr.	Name - Info	Preis DM
1	Junger Cockerspaniel	100
2	Häschen mit Fladenbrot	120
3	Junges Stinktier	100
4	Junge Katze	100

Hunde

20 Stück

Nr.	Name - Info	Preis DM
1	Cockerspaniel	180
2	Pudel	200
3	Mops	230
4	Dalmatiner	230
5	Junger Cockerspaniel	250
6	Junger Dalmatiner	250
7	Dackel	190
8	Junger Dackel	250
9	Yorkshire Terrier	260
10	Fox Terrier	250
11	Deutscher Schäferhund	250
12	Dackel Mischling	210
13	Beagle	300
14	Collie	250
15	Dackel	40
16	Dackel	190
17	Pinscher	210
18	Junger Pudel	200
19	Ungarischer Hirtenhund	200
20	Dogge	200

Waldtiere (Robin Hood)

4 Stück

Nr.	Name - Info	Preis DM
1	King John (Wurm)	140
2	Maid Marian (Marienkäfer)	110
3	Little John (Bär)	70
4	Robin Hood (Fuchs)	70

Bernhard & Bianca

3 Stück

Nr.	Name - Info	Preis DM
1	Bernhard - © Walt Disney Productions	70
2	Bianca - © Walt Disney Productions	70
3	Albatros - © Walt Disney Productions	70

1
a
2
3
4
5
b
6
7
8
9
10
11
12
13
14
15
g
16

Verschiedene Figuren 1

16 Stück

Nr.	Name - Info	Preis DM
1	Indianermädchen	540
2	Indianerjunge	540
a	Kanu - (evtl. nicht aus dem Ei)	0
3	Junge im Schottenrock	550
4	Mädchen mit Haube	550
5	Mädchen im Hauskleid	560
6	Junge mit Fahne	1060
b	Variante	1090
7	Student	960
8	Mädchen mit schwarzem Hut	640
9	Mädchen mit Springseil	350
c	Farbvariante	700
10	Trommler	30
e	Farbvariante	170
11	Trommler mit Dreispitz	30
f	Farbvariante	260
12	Pfeiffer	90
13	Mädchen mit Puppe	80
d	Farbvariante	90
14	Gänseliesl - mit Gans	1040
15	Hans im Glück - Gans steckbar	860
g	Farbvariante	1440
16	Indianermutter mit Kind	1000

Verschiedene Figuren 2

14 Stück

Nr.	Name - Info	Preis DM
1	Junge mit Rasenmäher	880
2	Junge im Hasenkostüm	520
3	Mädchen, betend	780
4	Mädchen mit Haube, kniend	1040
5	Kind im Schlafanzug	900
6	Mädchen, sitzend	380
7	Mädchen mit Hase	410
8	Clown Otto	40
9	Alice	740
10	Hase mit Pfeife	130
11	Kleiner Hase mit Pfeife - (evtl. nicht aus dem Ei)	200
12	Kleines Hasenmädchen - (evtl. nicht aus dem Ei)	250
13	Reiter (Freiheitskämpfer Paul Revere)	310
14	Granny	130
15	Betendes Baby 1 - 2 Versionen	800
16	Betendes Baby mit Zipfelmütze	800
17	Liegende Babys - 2 Stück	800

Saurier

7 Stück

Nr.	Name - Info	Preis DM
1	Pelycosaurus	30
2	Gorgosaurus	120
3	Iguanodon	50
4	Diplodocus	30
5	Styracosaurus	30
6	Stegosaurus	40
7	Ankylosaurus	40
a	Farbvarianten	

Verschiedene Beipackzettel je DM 170,-

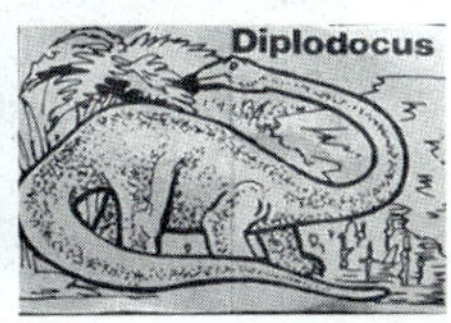

Verschiedenen Figuren — 12 Stück 1976/77

Nr.	Name - Info	Preis DM
1	Oma Duck - © Walt Disney Productions	50
a	Oma - Farbvariante, Gesicht unbemalt	90
2	Daisy - © Walt Disney Productions	50
b	Daisy - Farbvariante, Gesicht unbemalt	90
3	Dagobert Duck - © Walt Disney Productions	60
c	Dagobert - Jacke geschlossen, Füße gelb	90
4	Minnie - © Walt Disney Productions	50
d	Minnie - Gesicht unbemalt, Strümpfe gelb	90
5	Micky - © Walt Disney Productions	50
e	Micky - Gesicht unbemalt, Schuhe schwarz	90
6	Goofy - © Walt Disney Productions	90
f	Goofy - Farbvariante, Gesicht unbemalt	200
7	Wölfchen - © Walt Disney Productions	60
g	Wölfchen - Hut klein	90
h	Wölfchen - Hose rot	150
8	Ede Wolf - © Walt Disney Productions	80
i	Ede Wolf - Gesicht unbemalt	140
9	Käpt'n Hook	260
k	Käpt'n Hook - Figur 1,5 mm größer	250
10	Old Sam (auch bekannt als Gepetto)	80
11	Pinocchio	60
12	Klein Adlerauge - © Walt Disney Productions	70

Hütchen je DM 110,-

Die Sieben Zwerge

7 Stück 1978

Nr.	Name - Info	Preis DM
1	Chef	80
2	Angstbüx	90
3	Hatschi	80
4	Schlafmütz	80
5	Happy	80
6	Pimpel	90
7	Brummbär	80

Robin Hood

6 Stück 1978

Nr.	Name - Info	Preis DM
1	Robin Hood - © Walt Disney Productions	70
2	Lady Marianne - © Walt Disney Productions	70
3	Sheriff von Nottingham - © Walt Disney Productions	70
4	Bruder Tuck - © Walt Disney Productions	220
a	Bruder Tuck - Farbvarianten	220
5	Bär - © Walt Disney Productions	70
6	Prince John - © Walt Disney Productions	80

Hütchen je DM 110,-

Asterix

4 Stück 1975

Nr.	Name - Info	Preis DM
1	Majestix (Abracoursix) - © DARGAUD 75	60
2	Asterix (Astérix) - © DARGAUD 75	330
3	Troubadix (Assurancetourix) - © DARGAUD 75	80
4	Miraculix (Panoramix) - © DARGAUD 75	80

Rezeptvorschlag

"Schoko-Flakes"

von: Iris Löbe, Hauptstrasse 14, 75181 Pforzheim

Zutaten:

100g Palmin
1EL Butter
400g Ü-Ei-Schokolade
100-150g Kokosflocken
2 Päckchen Vanillezucker
150g Cornflakes

Das Palmin mit 1 EL Butter schmelzen lassen, die 400g Ü-Ei-Schokolade zerkleinern und dazugeben. Kokosflocken, Vanillezucker und Cornflakes mischen und unter die Schoko-Fettcreme heben. Mit einem Teelöffel kleine Häufchen formen und auf Backpapier geben, abkühlen lassen.

Dieses Rezept wurde uns in ähnlicher Form auch von unseren folgenden Leser/n/innen empfohlen:

Simone Seifert, Ekkehardstrasse 23, 78315 Radolfzell
Susanne Angeli, Wörthstrasse 8, 86159 Augsburg
Solveig Jochum, Hebbelstrasse 56, 55127 Mainz
Veronika Böhme, Am Angel 4, 02788 Dittelsdorf
T. Gyra, Stadtmauerstrasse 33, 71665 Horrheim
Solveig Jochum, Hebbelstrasse 56, 55127 Mainz

Also dann, viel Spaß beim Kochen und Backen!

Achtung Fälschung!

Leider gibt es auch unter den Ü-Ei-Händlern auch schwarze Schafe. Zu lukrativ ist das Geschäft mit gefälschten teuren Figuren, und bei Preisen bis zu 1000 Mark lohnt sich einiger Aufwand. Es gibt drei Varianten von Fälschungen:

1. Die komplette Figur wird gefälscht.
Dies ist in der Vergangenheit bei den alten Hartplastikserien wie Ägyptern und Soldaten geschehen. Die Figuren unterscheiden sich meist durch geringfügige Abweichungen in den Farbtönen und ein etwas anderes Plastikmaterial. Diese Fälschungen lassen sich am Besten entlarven, wenn man ein (eventuell geliehenes) Orginalobjekt zum Vergleich danebenhält

2. Das seltene Zubehör wird gefälscht.
Beliebt sind hier etwa die Flügel von Biene Maja und Willi, die Stelzen des Stelzenschlumpfes und das Hüpfseil vom Schlumpfinchen. Auch der Schirm des Pumuckl als Regenkobold wurde bereits imitiert. Hier unterscheiden sich die Kopien durch die Oberflächenbeschaffenheit und die Detailgenauigkeit. Von einigen Händlern werden die Fälschungen offiziell als "Replikate" verkauft, eine sehr umstrittene Art solche zweifelhaften Objekte zu vermarkten. Denn was eben noch als Replikat gehandelt wird, kann auf dem nächsten Flohmarkt bereits als vermeintliches Original den Besitzer wechseln. Solche Vorgehensweisen sollten von allen ernsthaften Sammlern und seriösen Händlern geächtet werden.

3. Eine bestehende Figur wird verfälscht.
Mit Hilfe eines Lösungsmittels wird zum Beispiel aus einer ganz normalen Figur ein Rohling ohne Bemalung. Eine andere Art der Verfälschung stellt das Umlackieren der Figuren dar, so wird aus einem normalen Zwerg mit Hilfe von etwas Farbe eine "seltene Farbvariante". Daß diese Art der Farbvariante keinen Preisaufschlag wert ist versteht sich von selbst. Ganz dreiste Fälscher feilen einfach Teile der Figur ab oder kleben Dinge an, die nicht zu der Figur gehören. Manchmal wird eine Figur auch unter Hitzeeinwirkung verformt. Nach dem anschließenden Überlackieren ist die Manipulation oft kaum noch zu erkennen. Bei allen Varianten, insbesondere solchen die bisher unbekannt waren, ist daher in jedem Fall Vorsicht geboten.

Zufällige Veränderungen.
Nicht alle Farben sind lichtecht, sie können sich durch lange und/oder intensive Sonneneinstrahlung verändern. Eine "Farbvariante" kann so entstehen, wenn eine Figur ein Jahr lang auf der Fensterbank steht. Ob diese allerdings sammelwürdig ist, bleibt fraglich. Da die Figuren von Hand bemalt werden, ergeben sich zwangsläufig immer Unterschiede. Mal sind die Augen größer, mal kleiner, mal sind die Flächen der Füße bemalt, mal bleiben sie unbemalt. Hin und wieder wird ein Teil schlicht vergessen, dann sind bei diesen Figuren Teile in ihrem Urzustand. Für manchen Sammler sind derartige Figuren von besonderem Interesse, für andere wiederum nicht. Hier muß jeder selbst entscheiden, ob ein Objekt es wert ist in die Kollektion aufgenommen zu werden.

Super-Mini-Schlumpf-Parade **12 Stück 1980**

Nr.	Name - Info	Preis DM
1	Schwatzschlumpf - Schlümpfe © Peyo, Telefon hell oder dunkel gelb	9
2	Nachtwächter - Schlümpfe © Peyo	9
a	Nachtwächter - Farbvariante	9
3	Musikus - Schlümpfe © Peyo	130
b	Musikus - unterschiedliche Flötenlänge	230
b	Flöte in Rot (Authentizität umstritten)	500
4	Träumer - Schlümpfe © Peyo, 5-bl. Blume meist eingeklebt	21
5	Schlafmütze - Schlümpfe © Peyo	9
6	Touristenschlumpf - Schlümpfe © Peyo	9
7	Oberschlumpf - Schlümpfe © Peyo	9
8	Kicherschlumpf - Schlümpfe © Peyo	9
9	Limoschlumpf - Schlümpfe © Peyo	9
10	Schleckermäulchen - Schlümpfe © Peyo	9
11	Der Schüchterne - Schlümpfe © Peyo, Blumenstrauß, 5-blätrige Blume	240
12	Eitelkeitsschlumpf - Schlümpfe © Peyo, roter Handspiegel	80

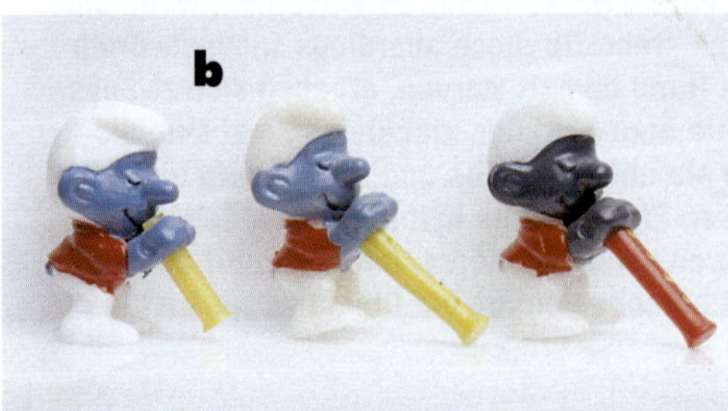

Hütchen mit
Aufkleber
je DM 100,-

Werbeposter von 1983.
Der Setzkasten im Hintergrund war bei der Firma Bully/Schleich erhältlich.

Beipackzettel
DM 240,-

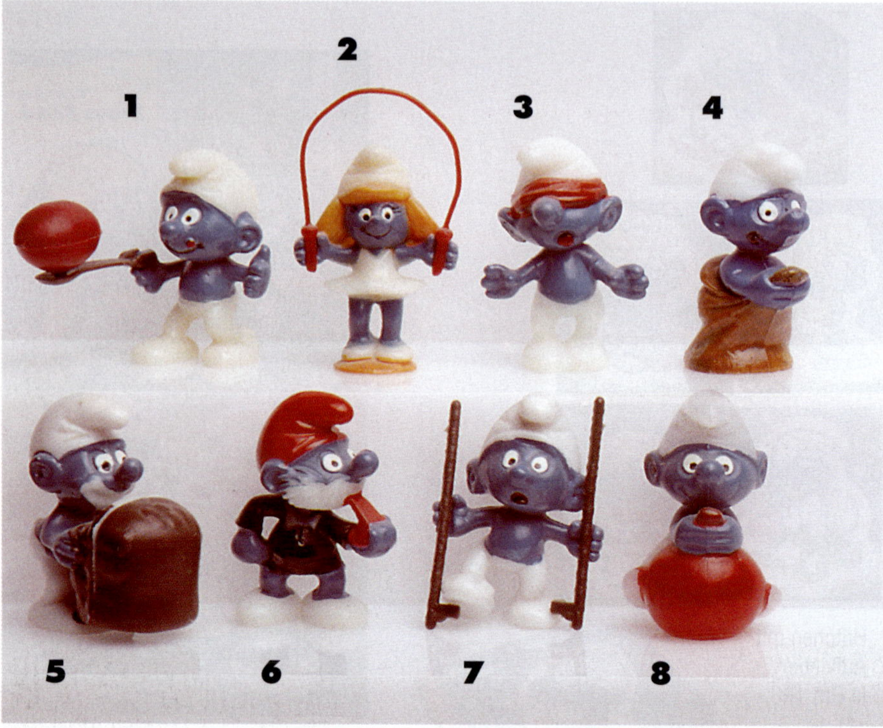

Olympiade der Schlümpfe

8 Stück 1983

Nr.	Name - Info	Preis DM
1	Eierlauf-Schlumpf - © PEYO 1983 EL FERRERO, Löffel und Ei *	790
2	Hüpf-Schlumpfinchen - © PEYO 1983 EL FERRERO, Springseil *	370
a	Hüpf-Schlumpfinchen - verschiedene Größen	450
3	Such-Schlumpf - © PEYO 1983 EL FERRERO	11
4	Sackhüpf-Schlumpf - © PEYO 1983 EL FERRERO	11
5	Negerkuß-Schlumpf - © PEYO 1983 EL FERRERO, Negerkußhälfte	90
b	Negerkuß-Schlumpf - Farbvarianten	100
6	Schiri-Schlumpf - © PEYO 1983 EL FERRERO	11
7	Stelzen-Schlumpf - © PEYO 1983 EL FERRERO, Stelzen *	780
8	Hüpfball-Schlumpf - © PEYO 1983 EL FERRERO	12

Beipackzettel DM 250,-

Diorama (Orginalei mit altem Aufdruck "Kinder Schokolade Überraschung“) DM 4700,-

Tao Tao und seine Freunde im Tao Tao Tal 12 Stück 1984

Nr.	Name - Info	Preis DM
1	Tao Tao - © 1984 Apollo Film FERRERO, Augen klein/groß, weiß/grau	18
2	Affenmutter Chon Chon - © 1984 Apollo Film FERRERO, Farbvariante siehe rechts	20
3	Häschen Puuh - © 1984 Apollo Film FERRERO	18
4	Eichhörnchen Purpur - © 1984 Apollo Film FERRERO, Farbvariante bekannt	20
5	Löwe - © 1984 Apollo Film FERRERO	17
6	Häschen Puuh - © 1984 Apollo Film FERRERO	18
7	Pandamutter - © 1984 Apollo Film FERRERO, Augen klein/groß, weiß/grau	20
8	Äffchen Kiki - © 1984 Apollo Film FERRERO, Farbvariante bekannt	20
9	Braunbär - © 1984 Apollo Film FERRERO	17
10	Tao Tao - © 1984 Apollo Film FERRERO, Augen klein/groß, weiß/grau	18
11	Äffchen Kiki - © 1984 Apollo Film FERRERO, Farbvariante bekannt	20
12	Tao Tao - © 1984 Apollo Film FERRERO, Augen klein/groß, weiß/grau	20
a	*Figuren 2, 4, 8 und 11 auch in dunkelbraun*	

Figuren im Tao Tao-Look.
Die Herkunft der Objekte ist ungewiß.

Diorama DM 3300,-

Puzzle: Je einzelne
Puzzleecke DM 140,-

Puzzlebeipackzettel je
DM 80,- (o. Abb.)

Beipackzettel DM 140,-

Hütchen mit
Aufkleber
je DM 70,-

Der kleine Kobold Pumuckl als...

10 Stück 1984

Nr.	Name - Info	Preis DM
1	Liegender - Buchagentur © 1984	30
2	Handwerker - Buchagentur © 1984	40
d	Handwerker - Farbvariante Hammer	50
3	Regenkobold - Buchagentur © 1984,Schirm, Schirmstock hell o. dunkel *	750
4	Besserwisser - Buchagentur © 1984	40
5	Lustiger Musikant - Buchagentur © 1984, Geige hell oder dunkelbraun **	110
c	Lustiger Musikant - Farbvariante Geige	130
6	Tollpatsch - Buchagentur © 1984	40
a	Tollpatsch - Farbvariante Topf	50
7	Unschuldiger - Buchagentur © 1984	50
8	Nimmersatt - Buchagentur © 1984, Löffel dunkelbraun	30
b	Nimmersatt - Farbvariante Löffel hellbraun	120
9	Feinschmecker - Buchagentur © 1984	30
10	Blumenfreund - Buchagentur © 1984	30

Beipackzettel
DM 180,-

Varianten

Pumuckl-Spiel DM 850,-
(Spiel enthält nicht alle Figuren)

Dschungelbuch

12 Stück 1985

Nr.	Name - Info	Preis DM
1	Kaa - © Walt Disney Productions	70
a	Kaa - Kurzer Hals	240
2	Shir Khan - © Walt Disney Productions	20
3	Baghira - © Walt Disney Productions	70
4	Mogli - © Walt Disney Productions	90
5	Diener - © Walt Disney Productions	22
6	Geier - © Walt Disney Productions	20
7	King Louis - © Walt Disney Productions	20
8	Balu - © Walt Disney Productions	24
b	Balu - blauer Bauch	60
9	Mogli - © Walt Disney Productions	90
10	General Hati - © Walt Disney Productions	23
11	Baghira - © Walt Disney Productions	70
12	Kleiner Elefant - © Walt Disney Productions	28

Beipackzettel BRD
DM 190,-

Quartett DM 200,-

Diorama mit Dschungel-
landschaft DM 2400,-

Englischer Beipackzettel
DM 140,-

Puzzle: Je einzelne
Puzzleecke DM 140,-

Puzzlebeipackzettel je
DM 80,- (o. Abb.)

Malkasten DM 150,-

Hütchen mit Aufkleber je DM 70,-

Happy Frogs

8 Stück 1985

Nr.	Name - Info	Preis DM
1	Big Boss - Hell oder dunkelgrün	10
2	Frechdachs - Hell oder dunkelgrün	10
3	Träumer - Hell oder dunkelgrün	10
4	Pfiffikus - Hell oder dunkelgrün	12
5	Glückspilz - Hell oder dunkelgrün	10
6	Faulenzer - Hell oder dunkelgrün	10
7	Schlauberger - Hell oder dunkelgrün	10
8	Witzbold - Hell oder dunkelgrün	10
	Figuren mit Loch auf der Unterseite sind nicht von Ferrero	

Beipackzettel DM 160,-

Beipackzettel DM 210,-

Palettenanhänger DM 300,-

Ferrero-Zeitung
"Überraschungs Post"
3 Ausgaben: je DM 170,-

Beipackettel mit
Bestellschein für
Ferrero-Zeitung
DM 190,-

Diorama: Seelandschaft mit Glas
und Leiter DM 960,-

Die Biene Maja

12 Stück 1986

Nr.	Name - Info	Preis DM
1	Kurt - © 1986 Apollo Film	20
a	Kurt - Rückenflügel braun bzw. dunkelbrau	20
2	Kuno - © 1986 Apollo Film	20
3	Maja * - © 1986 Apollo Film	90
4	Paul Emsig - © 1986 Apollo Film	50
f	Paul Emsig - Hut mit Fühlern gelb oder grün	70
5	Willi * - © 1986 Apollo Film	80
b	Willi * - Haube mit Fühlern in dunkelbraun	90
6	Karlchen - © 1986 Apollo Film	20
7	Flip - © 1986 Apollo Film	25
d	Flip - Zylinder mit Fühlern in dunkelbraun	30
8	Charly - © 1986 Apollo Film	20
h	Charly - Mütze und Halstuch in rot	40
9	Oberst Emsig - © 1986 Apollo Film	100
e	Oberst Emsig - Helm mit Fühlern in gelb oder grün	140
10	Maja * - © 1986 Apollo Film	90
11	Flip - © 1986 Apollo Film	25
g	Flip - Zylinder mit Fühlern in dunkelbraun	30
12	Willi * - © 1986 Apollo Film	90
c	Willi * - Haube mit Fühlern in hell- oder dunkelbraun	90

** Fälschungen der Flügel bekannt*

Varianten

Tischkärtchen mit Marienkäfer je DM 40,-

Puzzle: Je einzelne Puzzleecke DM 140,-

Puzzlebeipackzettel je DM 70,- (o. Abb.)

Beipackzettel DM 140,-

Diorama Bienenstock DM 3600,-

Palettenanhänger DM 460,-

Hütchen mit Aufkleber je DM 60,-

Die Tapsi Törtels **8 Stück 1986**

Nr.	Name - Info	Preis DM
1	Vater Toni Törtel	8
2	Tango Törtel	18
3	Tina Törtel	20
4	Trixi Törtel	8
5	Tolli Törtel	8
6	Trotzi Törtel	8
7	Mutter Tilli Törtel	8
8	Tini Törtel	8

Beipackzettel DM 90,-

Puzzle: Je einzelne Puzzle-ecke DM 70,-

Puzzlebeipackzettel je DM 30,- (o. Abb.)

Paletten-Anhänger DM 340,- (o. Abb.)

Diorama bestehend aus 8 Würfeln DM 960,-

Donalds flotte Familie

10 Stück 1986

Nr.	Name - Info	Preis DM
1	Oma Duck - © DISNEY 1986	10
2	Oma Duck - © DISNEY 1986	20
3	Dagobert Duck - © DISNEY 1986	15
4	Tick - © DISNEY 1986	6
5	Daniel Düsentrieb - © DISNEY 1986	7
c	Daniel Düsentrieb - Farbvariante	7
6	Trick - © DISNEY 1986	80
7	Track - © DISNEY 1986	6
d	Track - Farbvariante Eis	6
8	Donald Duck - © DISNEY 1986	15
b	Donald Duck - Farbvariante Hut	23
9	Donald Duck - © DISNEY 1986	15
10	Daisy Duck - © DISNEY 1986	6
a	Daisy Duck - Farbvariante Kleid	6

Palettenanhänger DM 320,-

Beipackzettel DM 80,-

Hütchen mit
Aufkleber je DM 50,-

Puzzlebeipackzettel je
DM 30,- (o. Abb.)

Puzzle: Je einzelne
Puzzleecke DM 60,-

Diorama: Tresor DM 3700,-

Die Fußball-Schlümpfe

12 Stück 1988

Nr.	Name - Info	Preis DM
1	Mittelstürmerschlumpf (9), Ball steckbar - © Peyo 1988 Ferrero	50
2	Torschützenschlumpf (7) - © Peyo 1988 Ferrero	10
3	Abwehrschlumpf (2), ohne Ball - © Peyo 1988 Ferrero	15
3	Abwehrschlumpf (2), Ball lose (Authentizität umstritten) - © Peyo 1988 Ferrero	60
4	Torwartschlumpf (1), Ball lose - © Peyo 1988 Ferrero	60
a	Torwartschlumpf (1), Ball lose - Trikot gelb und orange	60
5	Liberoschlumpf vor Freistoß (5) - © Peyo 1988 Ferrero	10
6	Verwarnter Schlumpf (4) - © Peyo 1988 Ferrero	8
7	Linksaußenschlumpf verletzt (11) - © Peyo 1988 Ferrero	10
8	Schiedsrichterschlumpf - © Peyo 1988 Ferrero	8
9	Verteidigerschlumpf, meckernd (3) - © Peyo 1988 Ferrero	10
10	Fallrückzieherschlumpf (8) Ball steckbar - © Peyo 1988 Ferrero	50
11	Mittelfeldschlumpf, winkend (6) - © Peyo 1988 Ferrero	8
12	Spielführerschlumpf mit Pokal (10) - © Peyo 1988 Ferrero	17

Beipackzettel
DM 50,-

Puzzle: Je einzelne Puzzleecke DM 50,-

Puzzlebeipackzettel je DM 30,- (o. Abb.)

Palettenanhänger DM 220,-

Diorama: Fußballfeld DM 980,-

Die Happy Hippos

10 Stück 1988

Nr.	Name - Info	Preis DM
1	Schlecker Schorschi - © 1988 FERRERO	4
2	Babsi Baby - © 1988 FERRERO	4
3	Beachboy - © 1988 FERRERO, gelber Strohhut	40
4	Happy Hippo - © 1988 FERRERO, gelber Hut	20
5	Wasserwalli - © 1988 FERRERO	4
6	Bade Beppo - © 1988 FERRERO	4
7	Susi Sonnenschein - © 1988 FERRERO	4
8	Hippi Hippo - © 1988 FERRERO, pinkfarbene Brille, Farbfälschungen bekannt	70
9	Planscher Pauli - © 1988 FERRERO, gelber Schwimmring	13
10	Taucher Toni - © 1988 FERRERO, Schwimmflossen, Taucherbrille	40
a	Farbvarianten	40

Diese kleinen Brüder der Happy Hippos stammen nicht aus dem Ei, sondern aus dem Kaugummiautomaten!

Tischkärtchen mit Schwan
je DM 30,-

Beipackzettel DM 40,-

Diorama: Insel mit
Posterrolle
DM 1200,-

Puzzle: Je einzelne Puzzle-
ecke DM 30,-

Puzzlebeipackzettel je
DM 20,- (o. Abb.)

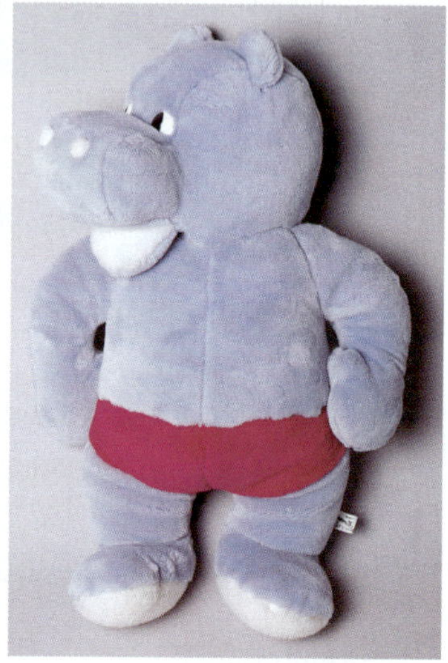

Plüsch-Hippo DM 400,-

Hütchen mit
Aufkleber je DM 18,-

Palettenanhänger DM 350,-

Die Blumentopfzwerge

8 Stück 1988

Nr.	Name - Info	Preis DM
1	Der Blumenwächter - © 1988 Ferrero	8
a	Der Blumenwächter - Farbvariante der Laterne	7
2	Der Blütenzähler - © 1988 Ferrero	7
3	Der Blütenstaubfeger - © 1988 Ferrero	7
4	Der Blumendoktor - © 1988 Ferrero	7
5	Der Wurzelpfleger - © 1988 Ferrero	7
6	Der Blattlausklopfer - © 1988 Ferrero	7
7	Der Wassermeister - © 1988 Ferrero	7
8	Der Kaktusfrisör - © 1988 Ferrero	8

Beipackzettel DM 40,-

Varianten

Puzzle: Je einzelne Puzzleecke DM 50,-

Puzzlebeipackzettel je DM 25,- (o. Abb.)

Aristocats

9 Stück 1989

Nr.	Name - Info	Preis DM
1	Peppo - © Walt Disney 1989 FERRERO	10
b	Peppo - Farbvariante	18
2	Swingy - © Walt Disney 1989 FERRERO	8
3	Marie - © Walt Disney 1989 FERRERO	18
4	Billy Bass - © Walt Disney 1989 FERRERO	8
a	Billy Bass - Farbvariante	12
5	Berlioz - © Walt Disney 1989 FERRERO	23
6	Hit Cat - © Walt Disney 1989 FERRERO	15
7	Toulouse - © Walt Disney 1989 FERRERO	10
c	Toulouse - Farbvariante	20
8	Tom O'Malley - © Walt Disney 1989 FERRERO	10
9	Duchesse - © Walt Disney 1989 FERRERO	12

Beipackzettel DM 50,-

Diorama: Skyline Großstadt DM 860,-

Beipackzettel
DM 30,-

Palettenanhänger
DM 120,-

Puzzle: Je einzelne Puzzleecke DM 30,-

Puzzlebeipackzettel je DM 18,- (o. Abb.)

Hütchen mit Aufkleber
je DM 23,-

Die neuen Blumentopfzwerge

8 Stück 1989

Nr.	Name - Info	Preis DM
1	Der Rasenfrisör - © Ferrero 1989	9
2	Der Schnippel-Hansi - © Ferrero 1989	8
3	Der Pausen-Pauli - © Ferrero 1989	8
4	Der Schatzsucher - © Ferrero 1989	8
5	Der Pflanzzwerg - © Ferrero 1989	8
6	Der Schirmling - © Ferrero 1989	8
7	Der Kaktusprofi - © Ferrero 1989	7
8	Der Blumenkavalier - © Ferrero 1989	8

Beipackzettel DM 28,-

Die Dribbel Boys

10 Stück 1990

Nr.	Name - Info	Preis DM
1	Toni Tornado - DB Vereinsaufkleber	10
2	Rhino Rauhbein - DB Vereinsaufkleber, Ball mit Loch	30
a	Rhino Rauhbein - Farbvariante	30
3	Dribbel Drago - DB Vereinsaufkleber, Ball mit Loch	30
b	Dribbel Drago - Farbvariante	30
4	Leo Libero - DB Vereinsaufkleber, gelbe Krone	60
c	Leo Libero - Schnautze bemalt bzw. unbemalt	60
5	Power Porky - DB Vereinsaufkleber, Ball mit Stoßzähnen	20
f	Power Porky - Farbvariante	20
6	Flanken Ferdi - X Vereinsaufkleber, Ball mit Loch	50
7	Tricky Tom - X Vereinsaufkleber, Ball mit Loch	29
d	Tricky Tom - Farbvariante	30
8	Beutel Berti - X Vereinsaufkleber	10
e	Beutel Berti - Schnautze bemalt	14
9	Brummi Bär - X Vereinsaufkleber	8
10	Paraden Pauli - Ball mit Loch	30
	Kennung bei allen Figuren: © Walt Disney 1990	

Puzzle: Je einzelne Puzzle-ecke DM 30,-

Puzzlebeipackzettel je DM 18,- (o. Abb.)

Palettenanhänger DM 100,-

Beipackzettel DM 25,-

Diorama: Plastik-Fußballfeld in Pappschachtel DM 820,-

Happy Hippos im Fitness-Fieber **10 Stück 1990**

Nr.	Name - Info	Preis DM
1	Brummer Beppo - © 1990 FERRERO	3
a	Brummer Beppo - Hose und Handschuhe braun abgesetzt	12
2	Träumer Tommi - © 1990 FERRERO, Hantel 3-teilig in Deutschland	30
3	Power Pit - © 1990 FERRERO	3
4	Sauna Sepp - © 1990 FERRERO (Glas oft abgebrochen)	4
b	Sauna Sepp - Flasche klar, Sandale lila / BeNeLux Sandale schwarz	6
5	Happy Hippo - © 1990 FERRERO, Waage mit Aufkleber	17
6	Purzel Peter - © 1990 FERRERO	3
7	Pudding Paul - © 1990 FERRERO	3
8	Babsy Baby - © 1990 FERRERO	3
9	Susi Sonnenschein - © 1990 FERRERO, Hula Hop Reifen	17
10	Hippi Hippo - © 1990 FERRERO, Brille pink, Fälschungen bekannt	70

Verschiedene ausländische Beipackzettel jeweils DM 8,-

"Buchhüllen-Diorama"
DM 300,-

BeNeLux-Haus DM 5,-

Puzzle: Je einzelne Puzzleecke DM 28,-

Puzzlebeipackzettel je DM 16,- (o. Abb.)

Palettenanhänger DM 100,-

Geduldsspiel je DM 5,-

Beipackzettel BRD DM 22,-

Hütchen mit Aufkleber je DM 13,-

Nr. 2
fehlt

Diorama,
aufklappbar aus
Pappe DM 440,-

Die ganz neuen Blumentopfzwerge — 8 Stück 1990

Nr.	Name - Info	Preis DM
1	Der Nachtwächter - © FERRERO 1990	4
2	Der Spediteur - © FERRERO 1990	40
a	Der Spediteur - Zipfelmütze lang/kurz, Karre Griff lang/kurz, Rad fest/locker	40
3	Der Boss - © FERRERO 1990	3
4	Popomatz - © FERRERO 1990	3
5	Wanderwastl - © FERRERO 1990	3
6	Wünschelrutengänger - © FERRERO 1990	3
7	Zwerg Liebtsiemich - © FERRERO 1990	4
8	Der Schluckspecht - © FERRERO 1990	3

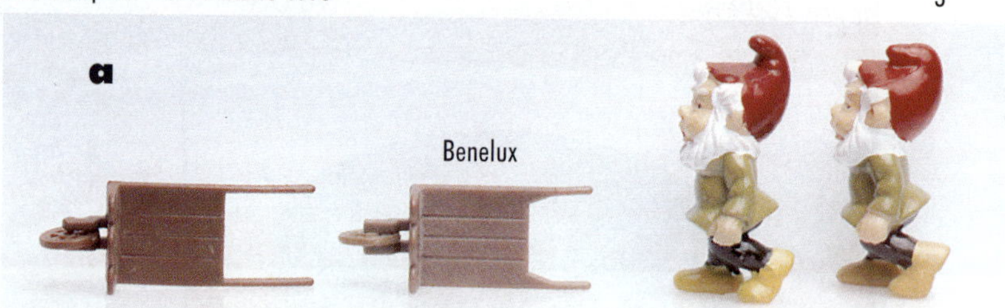

Beipackzettel BRD DM 20,-

Beipackzettel BeNeLux DM 3,-

Teeny Tapsi Törtels

10 Stück 1991

Nr.	Name - Info	Preis DM
1	Kolumbus - © FERRERO 1991	18
b	Kolumbus - Farbvariante	18
2	Mampfi - © FERRERO 1991	6
3	Batida - © FERRERO 1991	6
a	Batida - Topffarbvariante	10
4	Amadeus - © FERRERO 1991	20
5	Tölpi - © FERRERO 1991	6
6	Sir Winston - © FERRERO 1991	6
d	Sir Winston - Farbvariante	9
7	Calypso - © FERRERO 1991	6
8	Flora - © FERRERO 1991	23
c	Flora - Mit bemaltem Stiel aus Diorama	90
9	Marino - © FERRERO 1991	180
e	Marino - Sprungstein statt Eierteil (BeNeLux)	30
10	Robinson - © FERRERO 1991	20

Verschiedene Beipackzettel je DM 5,-

Puzzlebeipackzettel je DM 14,- (o. Abb.)

Puzzle: Je einzelne Puzzleecke DM 24,-

"Buchhüllen-Diorama"
DM 280,-

Beipackzettel BRD DM 20,-

BeNeLux-Haus DM 6,-

Palettenanhänger DM 50,-

Diorama: Plastikinsel mit Palme
in Pappschachtel DM 420,-

Die Kroko-Schule

10 Stück 1991

Nr.	Name - Info	Preis DM
1	Prof. Dr. Konrad Gnädig - © FERRERO 1991	3
2	Benjamin Tagtraum - © FERRERO 1991	3
3	Tommy Tadel - © FERRERO 1991	3
a	Tommy Tadel - Verschiedene Zeugnisse, Preis unterschiedlich	3 - 12
4	Stefan Stulle - © FERRERO 1991	3
5	Dr. Karl Knallgas - © FERRERO 1991	3
6	Frl. Adele Bruchstrich - © FERRERO 1991	3
7	Lisa Liebreiz - © FERRERO 1991	3
8	Tina Tonleiter - © FERRERO 1991	3
9	Peter Primus - © FERRERO 1991	3
10	Rudi Riesenfelge - © FERRERO 1991	3

Beipackzettel BRD DM 16,-

Ausländisches Display DM 90,-

Verschiedene ausländische Beipackzettel je DM 5,-

Geduldsspiel je DM 5,-

Puzzle: Je einzelne Puzzleecke DM 22,-

Puzzlebeipackzettel je DM 12,- (o. Abb.)

"Buchhüllen-Diorama"
DM 310,-

Plüschfigur Prof. Gnädig:
DM 300,-

BeNeLux-Haus DM 6,-

Diorama: Klassenräume in
Pappschachtel DM 380,-

Figuren mit Saugnapf:
Je DM 12,-

Palettenanhänger DM 50,-

Hütchen mit
Aufkleber
je DM 12,-

Die Badezimmerzwerge **10 Stück 1991**

Nr.	Name - Info	Preis DM
1	Morgenmuffel* - © Ferrero 1991, runder Spiegel mit Sockel *	40
2	Schönling - © Ferrero 1991	3
3	Weißzahn - © Ferrero 1991	3
4	Gurgel Gustav - © Ferrero 1991	3
5	Guten Morgen Zwerg - © Ferrero 1991	3
6	Pfundskerl - © Ferrero 1991, Waage mit Aufkleber	15
7	Figaro* - © Ferrero 1991, eckiger Spiegel mit Sockel *	40
8	Kletter maxe - © Ferrero 1991	3
9	Saubermann - © Ferrero 1991	3
10	Strahlemann - © Ferrero 1991	3

** Fälschung mit aufgebohrter Eihälfte bekannt! Original „Ei"-Spiegelsockel besitzt innen Wulst, je DM 65,-*

Spiegelvarianten

Beipackzettel BRD DM 17,-

Ausländischer Beipackzettel DM 5,-

Puzzle: Je einzelne
Puzzleecke DM 18,-

Puzzlebeipackzettel je
DM 12,- (o. Abb.)

Puzzle: Je einzelne
Puzzleecke DM 7,-

Puzzlebeipackzettel je
DM 3,- (o. Abb.)

Puzzle: Je einzelne
Puzzleecke DM 7,-

Puzzlebeipackzettel je
DM 3,- (o. Abb.)

Peppy Pingos

10 Stück 1992

Nr.	Name - Info	Preis DM
1	Charly Schnappschuß - © FERRERO	6
2	Eddi Eigentor - © FERRERO, Schläger mit Puck	50
b	Eddi Eigentor - Schlägervariante	14
3	Pinguita - © FERRERO	6
4	Tommi Tolpatsch - © FERRERO	5
5	Ralf Rotznase - © FERRERO	6
6	Ole Ohrwurm - © FERRERO	5
7	Kalle Kaltzunge - © FERRERO	10
a	Kalle Kaltzunge - Kurze Eisspitze aus BeNeLux	4
8	Knut Kohldampf - © FERRERO	6
c	Knut Kohldampf - Brötchen ohne Punkte stammt aus Diorama	100
9	Willi Wagemut - © FERRERO	6
10	Snowboard Siggi - © FERRERO, Snowboard mit 2 Aufklebern	19
	Alle Figuren waren original im weißen Plastik-Ei	

Beipackzettel DM 15,-

Palettenanhänger DM 50,-

Diorama: Aufklappbare Pappschachtel DM 330,-

Plüschfigur Pinguita:
DM 270,-

"Buchhüllen-Diorama"
DM 340,-

Ausländische
Beipachzettel je DM 8,-

Puzzle: Je einzelne
Puzzleecke DM 20,-

Puzzlebeipackzettel je
DM 13,- (o. Abb.)

Die Happy Hippos auf dem Traumschiff 10 Stück 1992

Nr.	Name - Info	Preis DM
1	Willi Wirbelwind - © Ferrero, Tablett mit Flasche und Gläsern	6
a	Willi Wirbelwind - Große Ohren	8
2	Susi Sonnenschein - © Ferrero, Strohhut mit Blume	6
3	Nico Neureich - © Ferrero, Strohhut	6
4	Freddy Flaute - © Ferrero	3
b	Freddy Flaute - Farbe am Reif und Hemd vertauscht	30
5	Käpt'n Happy Hippo - © Ferrero	3
6	Träumer Tommi - © Ferrero	5
d	Träumer Tommi - Farbvariente Sonnenliege und Augenlieder	15
7	Babsi Baby - © Ferrero, Badetuch	10
8	Sascha Sonnendeck - © Ferrero	3
9	Tele Toni - © Ferrero	3
10	Emil Eintopf - © Ferrero, Mütze, Kochlöffel (ohne Mütze in Benelux)	10
c	Emil Eintopf - Augenlieder türkis	15

Palettenanhänger
DM 25,-

Farbenzauber DM 8,-

ohne "© ZDF"

mit "© ZDF"

Beipackzettel DM 8,-

Puzzlebeipackzettel je
DM 6,- (o. Abb.)

Puzzle: Je einzelne
Puzzleecke DM 12,-

Hippo Plüschfigur groß DM 260,-
Hippo Plüschfigur klein DM 150,-

"Buchhüllen-Diorama" DM 300,-

Geduldsspiel je DM 5,-

Diorama - Traumschiffhälfte mit Poster und allen Figuren DM 190,-

Traumschiffhälften als Setzkasten DM 30,- (o. Abb.)

Die Zunft der Zwerge

10 Stück 1992

Nr.	Name - Info	Preis DM
1	Bauer Landluft - © FERRERO 92	3
2	Frisör Silberlocke - © FERRERO 92	3
3	Wirt Tafelschmaus - © FERRERO 92	3
4	Maurer Ziegelstein - © FERRERO 92	3
5	Zimmermann Hobelspan - © FERRERO 92	3
a	Zimmermann Hobelspan - Größenvariante	3
6	Steinmetz Meißel - © FERRERO 92	3
7	Schmied Eisenbart - © FERRERO 92	3
8	Töpfer Toni - © FERRERO 92	3
b	Töpfer Toni - Größenvariante	3
9	Schneider Nadelflink - © FERRERO 92	3
10	Bäcker Zuckersüß - © FERRERO 92	3

Die kleineren Figuren stammen aus BeNeLux

Verschiedene ausländische Puzzle
Je einzelne Puzzleecke DM 5,-

Puzzlebeipackzettel je DM 3,- (o. Abb.)

Beipackzettel DM 7,-

Wer schlüpft aus dem Ei

8 Stück 1992/93

Nr.	Name - Info	Preis DM
1	Schildkröte - k93 n.37/ 1992	5
2	Adler - k93 n. 36/ 1992	5
3	Schlange - k93 n. 40/ 1992	5
b	Schlange - Farbvariante	5
4	Krokodil - k93 n.35/ 1992	5
a	Krokodil - Farbvariante	5
5	Ente - k93 n.38/ 1992	5
6	Kücken - k93 n.39/ 1992	5
7	Drachen - / 1993	5
8	Eule - / 1993	5
	Serie erschien nur in BeNeLux und Italien	

Beipackzettel klein DM 2,-

Beipackzettel groß DM 3,-

Die Crazy Crocos

10 Stück 1992/93

Nr.	Name - Info	Preis DM
1	Freddy Fettfleck - © FERRERO	4
a	Freddy Fettfleck - mit offenen Augen	30
2	Lisa Liebreiz - © FERRERO	4
3	Eddy Koketti - © FERRERO	4
4	Billy the Bit - © FERRERO	10
d	Billy the Bit - Variante BeNeLux nur 1 Aufkleber	6
5	Benny Beule - © FERRERO	10
b	Benny Beule - mit beweglichen Rollen aus Deutschland	14
6	Conny Crazy - © FERRERO	4
7	Felix Fehlwurf - © FERRERO	4
8	Bobby Breakdance - © FERRERO	4
9	Mike Macho - © FERRERO	7
c	Mike Macho - mit gesteckter Brille	10
10	Gloria Glanzvoll - © FERRERO	5

Beipackzettel je DM 6,-

Puzzle: Je einzelne Puzzleecke DM 13,-

Puzzlebeipackzettel je DM 8,- (o. Abb.)

BeNeLux-Haus DM 5,-

Verschiedene "Buchhüllen-Dioramen" je DM 300,-

Ausländisches Display DM 350,-

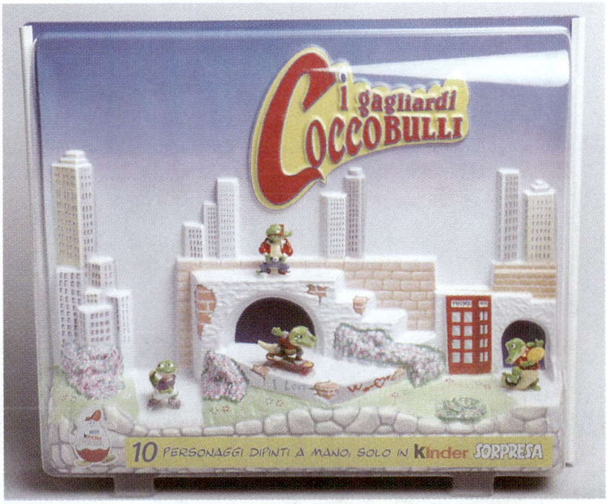

Ausländisches Papp-Display DM 27,-

Palettenanhänger DM 25,-

Diorama: Drehbare Scheibe in Pappschachtel DM 260,-

Die Drolly Dinos

10 Stück 1993

Nr.	Name - Info	Preis DM
1	Kokettino - © FERRERO	3
2	Kokettina - © FERRERO	3
a	Kokettina - helle Muschel	15
3	Däumelino - © FERRERO	6
4	Trampelino - © FERRERO	3
a	Trampelino - oranges Kücken aus Diorama	25
5	Melodino - © FERRERO	3
6	Tranquillino - © FERRERO	10
7	Juwelina - © FERRERO	4
8	Hecktino - © FERRERO	4
9	Bronto - © FERRERO	3
10	Elegandina - © FERRERO	4

Beipackzettel DM 4,-

Puzzle: Je einzelne Puzzleecke DM 7,-

Puzzlebeipackzettel je DM 4,- (o. Abb.)

Hütchen mit Aufkleber je DM 6,-

Palettenanhänger DM 15,-

Plüschfigur Juwelina: DM 300,-

Diorama: Dschungellandschaft in Pappschachtel DM 250,-

I Fortissimi Leo Venturas — 10 Stück 1993

Nr.	Name - Info	Preis DM
1	Capo Leon	4
2	Ginetto Tronchetto	4
3	Augusto Belfusto	4
4	Lola Civettuola - steckbarer Schirm	5
5	Gaio Buongustaio	4
6	Poldino Pignolino	4
7	Dante Vigilante	4
8	Lello Stornello	4
9	Lea Tenerella	4
10	Leo Sfarfalla - steckbares Netz	6
	Serie erschien nur in Italien (1993) und Resteuropa (1994)	

Plüschfigur Capo Leon: DM 260,-

Palettenanhänger DM 13,-

Beipackzettel je DM 5,-

"Buchhüllen-Diorama"
DM 330,-

Display mit Ei "Kinder Sorpresa" DM 400,-

Bill Body der „Super" Sportler

10 Stück 1993

Nr.	Name - Info	Preis DM
1	... mit Handicap	6
a	... mit Handicap - Hügel lose	17
2	... als Konditionswunder	5
c	... als Konditionswunder - Schnecke steckbar	15
3	... beim Augenaufschlag	8
4	... beim Body Bill-ding - Hantel, 2 Aufkleber für Gewichte	7
5	... als Sessel-Libero - Fernseher mit Ständer, Aufkleber	7
b	... als Sessel-Libero - Fernseherfarbvarianten	16
6	... als Badewannen-Champ	4
d	... als Badewannen-Champ - Augen geschlossen, kleinere Schwimmflügel	570
7	... sagt's mit Blumen	8
8	... als Rasenkuschler	4
f	... als Rasenkuschler - hellgrünes Trikot	22
9	... mit Poker-Face	4
e	... mit Poker-Face - lila Trikot	20
10	... mit Plattfuß	4
	Kennung bei allen Figuren: © comic-factory	

Beipackzettel DM 4,-

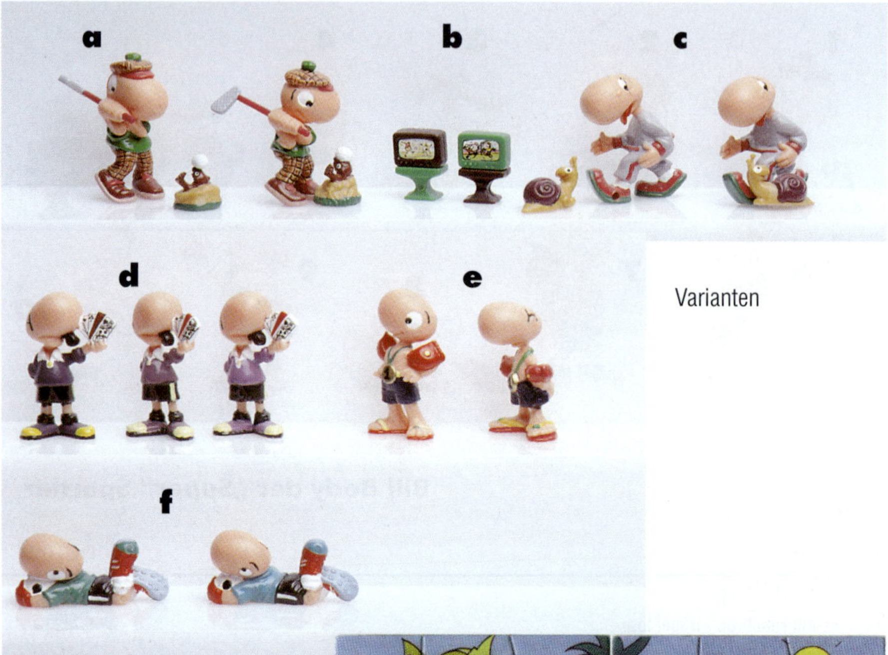

Varianten

Puzzle: Je einzelne Puzzleecke DM 7,-

Puzzlebeipackzettel je DM 3,- (o. Abb.)

Die frechen Frösche

12 Stück 1993

Nr.	Name - Info	Preis DM
1	Eismann Edi	5
2	Siggi Sausebraus - Bob	7
3	Pauli Pistenfeger - Doppelski	7
4	Pickel Patrick	5
5	Seppi Schneeschuh - Schneeschuhe	7
6	Theo Treffsicher - Schneeballhaufen	7
7	Petra Purzigagel	5
8	Salto Susi	5
9	Nina Ballerina	5
10	Willi Wirbelwind	5
11	Peter Puck - Hokeyschläger	6
12	Fröstel Fredi - Schirm	7

Kennung bei allen Figuren: © FERRERO 1993

Verschiedene ausländische Beipackzettel DM 3,-

Verschiedene ausländische Beipackzettel DM 3,-

Puzzle: Je einzelne Puzzleecke DM 70,-. Oben links 20 % teurer.

Puzzlebeipackzettel je DM 30,- (o. Abb.). Oben links 20 % teurer.

"Buchhüllen-Diorama" DM 320,-

Die Peppy Pingo Party

10 Stück 1994

Nr.	Name - Info	Preis DM
1	Toni Trantüte - Tisch bedruckt	8
a	Toni Trantüte - Tisch unbedruckt	40
2	Theo von Trinkgeld - Tablett steckbar	10
3	Sascha Süssholz	4
4	Marlies Möchtegern	5
5	Zacharias Zaster - Hut steckbar	7
6	Kevin Kostnix	4
7	Schäker Charly	4
8	Flora Flirt	4
9	Leo Leichtfuss	4
10	Ole Ohrwurm	6
b	Ole Ohrwurm - CD und Cover unbeschriftet	40

Beipackzettel DM 3,-

Puzzle: Je einzelne Puzzleecke DM 7,-

Puzzlebeipackzettel je DM 2,- (o. Abb.)

Display DM 150,-

Palettenanhänger DM 10,-

Diorama: Aufklappbare Pappschachtel DM 300,-

Panda Party

12 Stück 1994

Nr.	Name - Info	Preis DM
1	Tonino Pensierino - Blumenstrauß steckbar	7
a	Tonino Pensierino - Farbvariante	15
2	Tommy Tuttagola	5
3	Lucia Festamia - Torte steckbar	7
4	Dina Tondina	5
5	Lola Stilosa	5
6	Terenzio Pizzoso	5
7	Adone Cuccone	5
8	Lorella Saltella	5
9	Teo Tombola	5
10	Jonny Twistino	5
11	Jimmy Pandrix	5
12	Baldo Baldoria	5

Beipackzettel DM 3,-

Variante

"Buchhüllen-Diorama"
DM 280,-

Die Happy Hippo Company

10 Stück 1994

Nr.	Name - Info	Preis DM
1	Willi Warmluft - © Ferrero	3
2	Träumer Tommi - © Ferrero	3
3	Babsi Baby - © Ferrero	3
4	Happy Hippo Boss - © Ferrero, Schild	6
b	Happy Hippo Boss, Tafel ohne Fieberkurve - © Ferrero	15
5	Guido Geistesblitz - © Ferrero	3
6	Rudi Rohrbruch - © Ferrero	3
7	Klara Klatschmaul - © Ferrero	3
a	Klara Klatschmaul, Schürze ohne Blumen	10
8	Pauli Pünktlich - © Ferrero	3
9	Susi Sonnenschein - © Ferrero	3
10	Emil Erbsenzähler - © Ferrero	3

alle

Beipackzettel DM 2,-

Puzzle: Je einzelne Puzzleecke DM 5,-

Puzzlebeipackzettel je DM 3,- (o. Abb.)

Hütchen mit Aufkleber je DM 3,-

Palettenanhänger DM 4,-

Diorama: Ausziehbare Pappschachtel DM 300,-

Mit den Blumentopfzwergen durch die Jahreszeiten 12 Stück 1994

Nr.	Name - Info	Preis DM
1	Ludwig Landluft	3
2	Friedel Frühjahrsputz	3
3	Flori Flower	3
4	Schlemmer Schorschi	3
a	Schlemmer Schorschi - rosa Gürtel	10
5	Max Mallorca - Liegestuhl	5
6	Gustl Grillmeister	3
b	Gustl Grillmeister - dünner Arm	13
7	Ferdi Fallobst	5
c	Ferdi Fallobst - rote Äpfel	30
8	Herbert Herbstlaub	5
9	Rudi Reblaus	5
10	Willy Waldmeister ×	5
d	Willy Waldmeister - goldene Knöpfe	30
11	Robby Rittberger	3
12	Freddy Frostbeule	3

Varianten

Beipackzettel DM 2,-

Pingui Beach

10 Stück 1994

Nr.	Name - Info	Preis DM
1	Vito Tuttapesca	5
2	Fabrizio Granservizio - Tennisschläger	10
3	Luisella Tintarella - Badetuch	7
4	Lella Bibitella - Hut	7
5	Clemente Salvagente	5
6	Lino Sonnelino - Sonnenliege	7
7	Salvatore Animatore - Notizblock	7
8	Lello Monello	5
9	Marina Surfina - Surfbrett	7
a	Marina Surfina - Farbvariante Surfbrett (innen unbemalt)	10
10	Nuccio Grantuffo - Sprungbrett	7
	Kennung bei allen Figuren: 1994 © FERRERO	

Verschiedene Beipackzettel je DM 8,-; Achtung: Drei verschiedene Bildergeschichten auf der Rückseite.

"Buchhüllen-Diorama" DM 320,-

BeNeLux-Haus DM 4,-

Ausländisches Display mit Spieluhr DM 850,-

Ausländisches Display mit Motor DM 1200,-
Auf der Rückseite des Displays werden die Nebenserien (zum Beispiel "Fred Feuerstein",...) beworben.

1

2

3

Sonne, Mond und Sterne... 3 Stück 1994

Nr.	Name - Info	Preis DM
1	Sonne - © Ferrero	3
2	Mond - © Ferrero	3
3	Stern - © Ferrero	4

Beipackzettel DM 2,-

Die Dapsy Dinos

10 Stück 1995

Nr.	Name - Info	Preis DM
1	Bronto	4
2	Ritchie Richtfest	5
a	Ritchie Richtfest - Bedruckungsvariante	5
3	Paul Plan	4
4	Winnie Windschief	4
5	Pauline Pflaster	4
6	Trampelino	4
7	Manni Mahlzeit	8
8	Emil Emsig - Schubkarre mit festem Rad	6
b	Emil Emsig - Schubkarre mit drehbarem Rad	6
9	Tranquillino	4
10	Leo Leichtfuß - Baumstamm steckbar	6
	Kennung bei allen Figuren: © FERRERO	

Leo Leichtfuß kann mittels des steckbaren Baumstammes beliebig aneinandergereiht werden.

Beipackzettel DM 2,-

Puzzle: Je einzelne Puzzleecke DM 5,-

Puzzlebeipackzettel je DM 3,- (o. Abb.)

Ausländisches Display DM 350,-

"Buchhüllen-Diorama" DM 350,-

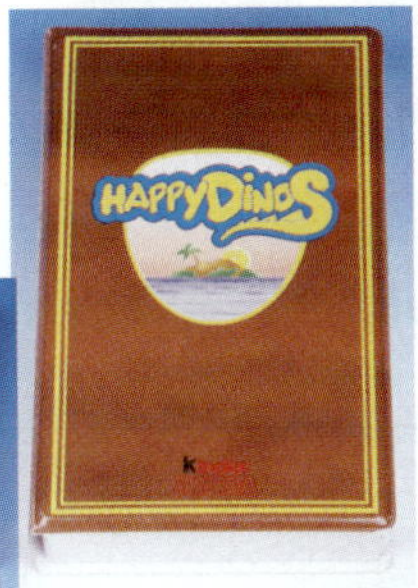

Diorama: Aufklappbare Pappschachtel DM 330,-

Palettenanhänger DM 8,-

Die Funny Fanten im Cluburlaub — 10 Stück 1995

Nr.	Name - Info	Preis DM
1	Sammy Speed - Welle, Surfbrett	5
2	Danny Dauershower	3
3	Pauli Power - Schild	5
4	Conny Cocktail	3
5	Nina Nachschlag	3
6	Charlotte Charme	3
7	Nadja Nahtlos - Decke	5
8	Willi Wirbel	5
9	Arnold Angsthase - Hockerbeine, Decke	5
10	Pit Paparazzo - Kamera	5

Kennung bei allen Figuren: © FERRERO

Puzzlebeipackzettel je DM 3,- (o. Abb.)

Puzzle: Je einzelne Puzzleecke DM 5,-

Farbenzauber
je DM 5,-

Fensterbilder
je DM 4,-

Diorama: Aufklappbare
Pappschachtel DM 330,-

Beipackzettel DM 2,-

Hütchen mit Aufkleber je DM 3,-

Palettenanhänger je DM 6,-

Top Ten Teddies

10 Stück 1995

Nr.	Name - Info	Preis DM
1	Leo Leuchte	5
2	Schunkel Schorsch	3
3	Dicke Backen Beppo	5
4	Susi Seufzer	3
5	Karl Kassenfüller	3
6	Vroni Frohsinn	3
7	Herbert von Edelweiss	3
8	Pauken Paul	5
9	Berti Beckenhauer	10
10	Max Muntermacher	5

Beipackzettel DM 1,-

Puzzle: Je einzelne Puzzleecke DM 4,-

Puzzlebeipackzettel je DM 2,- (o. Abb.)

Squalibabá

11 Stück 1995

Nr.	Name - Info	Preis DM
1	Jasmin Indovin - Kristallkugel	5
2	Squali Mami	5
3	Gegè Narghilè - Decke, Wasserpfeife	5
4	Gransultan - Kissen	5
5	Sospir d'Ahmur (zusammen mit Omar Teador)	5
5	Omar Teador (zusammen mit Sospir d'Ahmur)	5
6	Nahas Kondin - Deckel, Krug	5
7	Maluk Teshor - Schatztruhe	5
8	Hal El Guardian	5
9	Kebel Volar - Teppich	5
10	Incant El Serp - Schlange	5
	Kennung bei allen Figuren: © FERRERO 1995	

"Buchhüllen-Diorama" DM 300,-

"Buchhüllen-Diorama"
DM 300,-

Beipackzettel je DM 2,-

Ausländisches
Display DM 350,-

Hanny Bunny's lustige Ski Hasen 10 Stück 1996

Nr.	Name - Info	Preis DM
1	Charly Crash	4
2	Hanny Bunny	4
3	Toni Tollkühn	4
4	Sunnyboy	4
5	Rita Ratlos	4
6	Fritz Fiasko	4
7	Hubert Heartbreaker	4
8	Timmy Trendy	4
9	Anna Après-Ski	4
10	Hajo Happy Hour	4
a	Diverse Farbvarianten	

Beipackzettel DM 1,-

Palettenanhänger je DM 4,-

Farbenzauber
je DM 5,-

Diorama: Aufklappbare
Pappschachtel DM 370,-

Puzzle: Je einzelne
Puzzleecke DM 4,-

Puzzlebeipackzettel je
DM 2,- (o. Abb.)

alle

Die Bingo-Birds

10 Stück 1996

Nr.	Name - Info	Preis DM
1	Anja Augenaufschlag	4
2	Willy Wichtig	4
3	Rudi Ratlos	4
4	Karla Kaffeeklatsch	4
5	Fritz Vorsitz	4
6	Conny Coach	4
7	Peter Kneter	4
8	Tina Topspin	4
9	Schorschi Schlichter	4
10	Mecker Joe	4

Beipackzettel DM 1,-

Palettenanhänger je DM 4,-

Diorama: Aufklappbare Pappschachtel DM 370,-

Hütchen mit Aufkleber je DM 3,-

Puzzle: Je einzelne Puzzleecke DM 4,-

Puzzlebeipackzettel je DM 2,- (o. Abb.)

Zu dieser Serie lag uns zum Zeitpunkt des Redaktionsschlusses nur der Beipackzettel vor.

Beipackzettel DM 2,-

I Fosforescenti Fantasmini

10 Stück 1996

Nr.	Name - Info	Preis DM
1	Arturo Passamuro	5
2	Arf Babau & Ubaldo Passeggio	5
3	Tatc Smemorato	5
4	Lalla Frullata	5
5	Puccio Ciuccio	5
6	Bice Stiratrice	5
7	Molly Ammollo	5
8	Ugo Asciugo	5
9	Carlo Cucu	5
10	Berto Tremor	5

Rezeptvorschlag

"Feine Schokoladentorte"
von: T. Gyra, Stadtmauerstrasse 33, 71665 Horrheim

Zutaten: 150g Butter, 150g Zucker,
1 P. Vanillezucker, 150g aufgelöste Kinderschokolade,
2 Eier, 4 Eigelb,
150g Mehl, 2-3 gestr. EL Kakao,
1 gestr. TL Backpulver, 4 Eiweiß
zum Bestreichen: 5-6 EL rotes oder schwarzes Johannisbeergelee
für den Guß: 100g Kinderschokolade, 5 EL Sahne

Für den Teig die Butter schaumig rühren und nach und nach 75g des Zuckers, Vanille-Zucker, Schokolade, Kakao, Eier und Eigelb hinzugeben. Das mit Backpulver gemischte und gesiebte Mehl eßlöffelweise unterrühren. Das Eiweiß steif schlagen. Die restlichen 75g Zucker nach und nach unter den Eischnee geben. Eischnee vorsichtig unter den Teig heben und glattstreichen. Bei 175-200 Grad ca. 40 Minuten backen. Den Tortenboden stürzen, erkalten lassen und einmal durchschneiden. Den unteren Boden mit Johannisbeer-Gelee bestreichen und mit dem oberen Boden bedecken. Rand und obere Seite der Torte dünn und gleichmäßig mit Johannisbeer-Gelee bestreichen. Für den Guß die Schokolade in kleine Stücke brechen und in einem Topf im Wasserbad schmelzen. Sahne hinzugeben, so daß eine geschmeidige Masse entsteht. Die Torte mit dem Schokoladenguß überziehen. Gegebenenfalls mit Sahne verzieren oder Schlagsahne als Beigabe.

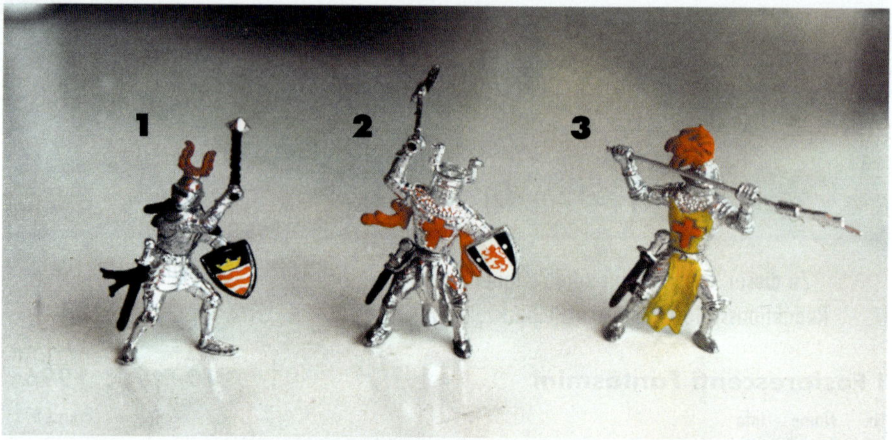

Ritter Silber 2 tlg. Steckfigur

3 Stück

Nr.	Name - Info	Preis DM
1	Ritter - Morgenstern und Schild	270
2	Ritter - Axt, Schild und Brustkreuz	270
3	Ritter - Lanze, Schild und Brustkreuz	380

Steckfigur 5 teilig

1 Stück

Nr.	Name - Info	Preis DM
1	Legionär Stephanus - Schwert	400

Rezeptvorschlag

"Feinschmeckerüberraschungskuchen"
von: Solveig Jochum, Hebbelstrasse 56, 55127 Mainz

Zutaten:
- 125g weiche Butter
- 125g Zucker
- 1P. Vanillin-Zucker
- 5 Tropfen Zitroenaroma
- 1 Pr. Salz
- 2 Eier
- 125g Mehl

Die Butter gescheidig rühren. Den Zucker und Vanillin-Zucker nach und nach zugeben, das Zitronenaroma und Salz zufügen. Dann die Eier unterrühren und das Mehl zugeben. Gebröselte Ü-Ei-Schokolade in beliebiger Menge unterheben. Masse in gefetteter Form im vorgeheizten Backofen 35-45 Minuten bei 160-180 Grad backen. Beliebige Menge Schokolade schmelzen und als Kuchenglasur verwenden.

Verschiedene Indianer — 5 Stück 1981

Nr.	Name - Info	Preis DM
1	Indianer mit Pfeil und Bogen, stehend	260
2	Indianer mit Pfeil und Bogen, kniend	260
3	Indianer mit Schild und erhobenem Tomahawk	260
4	Indianer mit Speer und Gewehr	260
5	Indianer mit Trommel (keine Steckfigur)	100

Hartplastik-Steckfiguren:

Auf diesen und den folgenden Seiten zeigen wir die Figuren, die in Sammlerkreisen als Hartplastik-Steckfiguren bekannt sind und etwa um 1980 hergestellt wurden. Zur gleichen Zeit etwa erschienen auch die im Vorwort gezeigten Figuren der Ritter- und Weltraumwelt ("Perry Rhodan Figuren"). Die meist zweiteiligen Hartplastik-Steckfiguren bestehen aus einem härteren Kunststoff als ihre später hergestellten mehrteiligen Kollegen und lassen sich in der Mitte des Körpers teilen bzw. zusammenstecken.

Westernland

7 Stück 1981

Nr.	Name - Info	Preis DM
1	Gelber Mond, der beste Kundschafter von Westernland	150
2	Starke Hand, der Freund aller Siedler	150
3	Indianer mit Gewehr, zielend	160
4	Cowboy mit Colt	140
5	Jimmy, der wackere Viehzüchter	380
6	Tom Hunter, der vorsichtige Waldläufer	120
7	Jerry, der tapfere Scherriff von Westernland	120

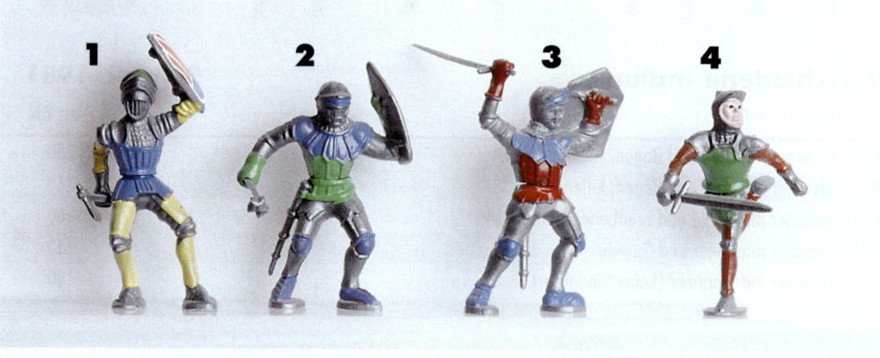

Ritter 2tlg. Steckfigur

4 Stück

Nr.	Name - Info	Preis DM
1	Ritter - Schild und Axt	120
2	Ritter - Schild und Keule	120
3	Ritter - Schild und Schwert	120
4	Ritter - Schwert	120

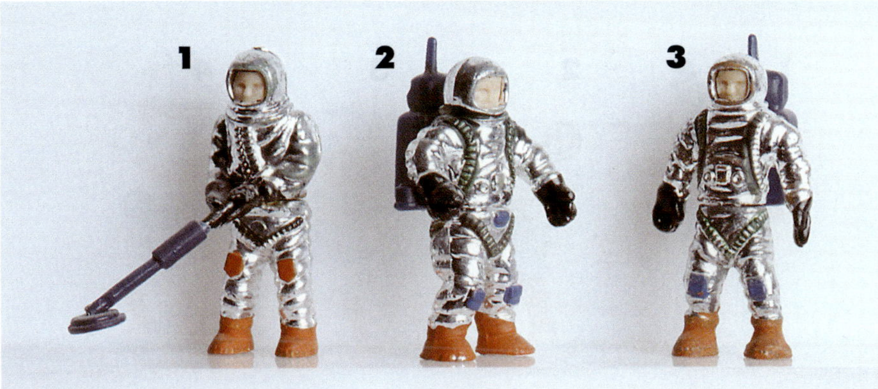

Astronauten

3 Stück

Nr.	Name - Info	Preis DM
1	Astronaut	290
2	Astronaut	360
3	Astronaut	130

Elliot das Schmunzelmonster

2 Stück 1976

Nr.	Name - Info	Preis DM
1	Elliot mit Flügeln - © Walt Disney Productions	330
2	Elliot mit Gitarre - © Walt Disney Productions	110

Disney Figuren — 5 Stück 1981

Nr.	Name - Info	Preis DM
1	Goofy	70
2	Micky Maus	60
3	Donald Duck	70
4	Daisy Duck	70
5	Pluto	100
a	Farbvariante	130

Verschiedene Beipackzettel je DM 130,-

Beipackzettel DM 150,-

Pique WM-Maskottchen **1 Stück 1986**

Nr.	Name - Info	Preis DM
1	Pique - © SPORT BILLY PROD. R	70

Felix **1 Stück**

Nr.	Name - Info	Preis DM
1	Felix	150
	Achtung, eine matt glänzende Ausführung wird über den Spielzeughandel verkauft!	

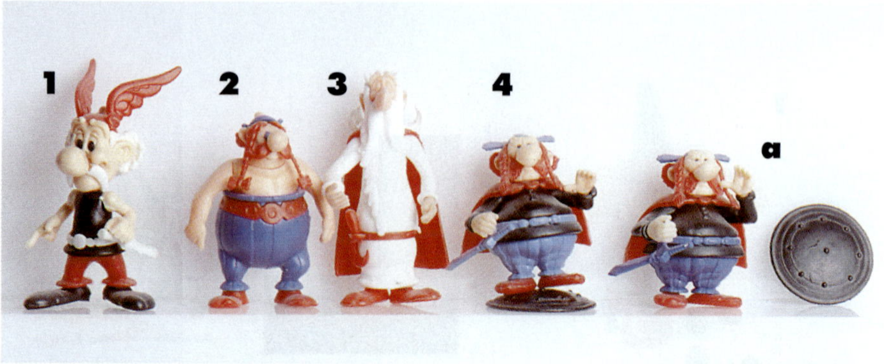

Asterix

4 Stück 1981

Nr.	Name - Info	Preis DM
1	Asterix	130
2	Obelix	70
3	Miraculix	70
4	Majestix	280
a	Farbvariante	280

Verschiedene Beipackzettel jeweils DM 140,-

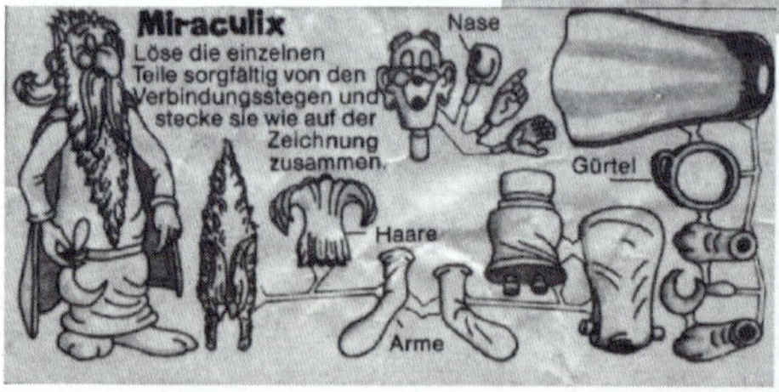

Rezeptvorschlag

"Happy-Hippo Schokotrunk"
von: Solveig Jochum, Hebbelstrasse 56, 55127 Mainz

Milch nach Belieben in einen Topf geben, Schokolade dazu (ca. 2 Hälften pro Tasse), erhitzen, umrühren - fertig! (Auch für die Mikrowelle geeignet)

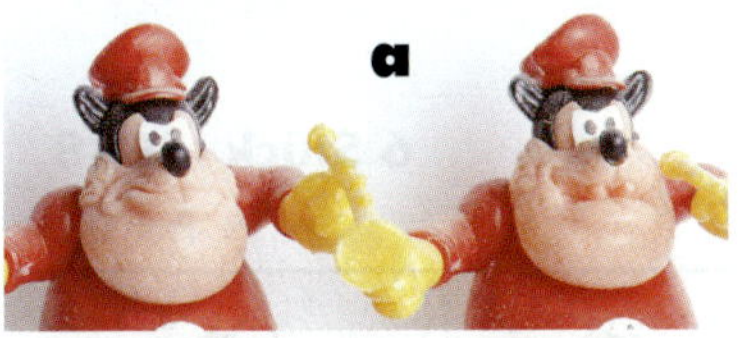

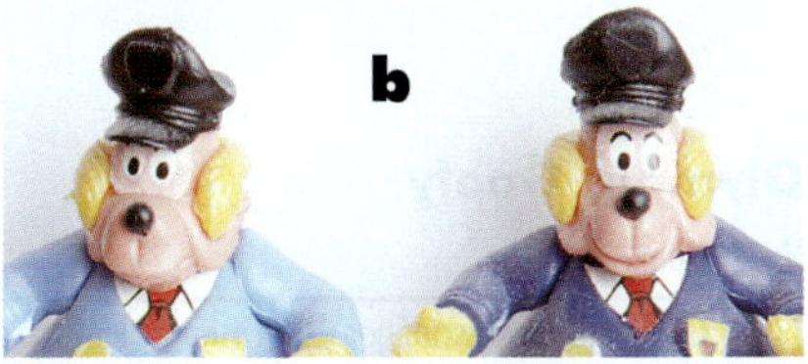

Micky und seine Freunde

8 Stück 1987

Nr.	Name - Info	Preis DM
1	Micky mit Kappe und Spazierstock - © Disney	30
2	Micky mit Hut und Regenschirm - © Disney	30
3	Minnie mit Hut Regenschirm - © Disney	30
4	Minnie mit Schleife und Handtasche - © Disney	30
5	Horatius Pferd - © Disney	20
6	Kater Karlo - © Disney	20
a	Kater Karlo - Farbvariante und Mund geöffnet	20
7	Kommisar Hunter - © Disney	20
b	Kommisar Hunter - Farbvariante und Mund geöffnet	20
8	Klarabella Kuh - © Disney	20

"Buchhüllen-Diorama"
DM 1000,-

Olympia Goofy

6 Stück 1988

Nr.	Name - Info	Preis DM
1	Goofy mit Tennisschläger - © Disney, 11 Teile	40
2	Goofy mit Boxhandschuhen - © Disney, 11 Teile	40
3	Goofy mit Fußball - © Disney, 11 Teile	40
4	Goofy mit Hantel - © Disney, 11 Teile	40
5	Goofy mit Degen - © Disney, 11 Teile	40
6	Goofy mit Rollschuhen - © Disney, 11 Teile	40

Beipackzettel DM 20,-

Donald und seine Freunde

12 Stück 1988

Nr.	Name - Info	Preis DM
1	Donald Duck - © Disney	25
2	Gustav Gans - © Disney	25
3	Daisy Duck mit Tasche - © Disney	25
4	Oma Duck mit Schirm - © Disney	25
5	Panzerkn. mit Schraubenschlüssel - © Disney	100
6	Panzerknacker mit Feile - © Disney	100
7	Panzerknacker m. Schraubenzieher - © Disney	100
8	Onkel Dagobert mit Stock - © Disney	25
9	Trick mit Boot - © Disney	80
10	Track auf Skiern - © Disney	80
11	Trick mit Schlitten - © Disney	80
12	Tick mit Skateboard - © Disney	80

"Buchhüllen-Diorama"
DM 1000,-

Beipackzettel DM 30,-

BeNeLux-Haus DM 20,-

Verschiedene Hütchen je DM 70,-

Donald und seine Freunde auf Safari

BeNeLux-Haus DM 20,-

Verschiedene Beipackzettel jeweils DM 50,-

Donald und seine Freunde auf Safari **15 Stück 1989**

Nr.	Name - Info	Preis DM
1	Donald mit Fotoapparat - © Disney 1989, 8 Teile	20
2	Daisy mit Trinkflasche - © Disney 1989, 9 Teile	20
3	Oma Duck mit Rot-Kreuz-Tasche - © Disney 1989, 9 Teile	20
4	Dagobert mit Stock - © Disney 1989, 9 Teile	20
5	Gustav Gans mit Fernglas - © Disney 1989, 9 Teile	20
6	Tick am Lagerfeuer - © Disney 1989, 8 Teile	50
7	Tick mit Palme - © Disney 1989, 9 Teile	50
8	Trick mit Boot - © Disney 1989, 8 Teile	50
9	Track mit Kamera - © Disney 1989, 8 Teile	50
10	Düsentrieb mit Propellerboot - © Disney 1989, 9 Teile	30
11	Düsentr. mit Rucksackpropeller - © Disney 1989, 9 Teile	30
12	Düsentr. mit Flughelm - © Disney 1989, 9 Teile	30
13	D. Düsentrieb mit Wassergleiter - © Disney 1989, 9 Teile	30
14	Düsentr. mit Gehmaschine - © Disney 1989, 9 Teile	30
15	Düsentr. mit Rucksackhubschrauber - © Disney 1989, 9 Teile	30

Verschiedene Beipackzettel jeweils DM 30,-

Pink Panther

12 Stück 1989

Nr.	Name - Info	Preis DM
1	P. Panther als Koch - © U. A. INC.	15
2	P. Panther als Fechter - © U. A. INC.	15
3	P. Panther als Sherlock Holmes - © U. A. INC.	15
4	P. Panther als Boxer - © U. A. INC.	15
5	P. Panther als britischer Wachsoldat - © U. A. INC.	15
6	P. Panther mit Regenschirm - © U. A. INC.	15
7	P. Panther als Sheriff - © U. A. INC.	15
8	P. Panther mit Radio - © U. A. INC.	15
9	P. Panther als Anstreicher - © U. A. INC.	15
10	P. Panther als Indianer - © U. A. INC.	15
11	P. Panther als Schlafmütze - © U. A. INC.	15
12	P. Panther als Bobby - © U. A. INC.	15

Panther Plüschfigur
DM 200,-

Beipackzettel DM 10,-

BeNeLux-Haus
DM 15,-

"Buchhüllen-Diorama"
DM 430,-

Hütchen: Je DM 40,-

Schlümpfe

12 Stück 1990

Nr.	Name - Info	Preis DM
1	Oberschlumpf - © PEYO 1991, 9 Teile	20
2	Schiedsrichterschlumpf - © PEYO 1991, 12 Teile	25
3	Linienrichterschlumpf - © PEYO 1991, 11 Teile	20
4	Spielerschlumpf Nr. 2 - © PEYO 1991, 11 Teile	15
5	Spielerschlumpf Nr. 5 - © PEYO 1991, 11 Teile	25
6	Torwartschlumpf - © PEYO 1991, 11 Teile	25
7	Jubelschlumpf - © PEYO 1991, 11 Teile	20
8	Überraschungsschlumpf - © PEYO 1991, 8 Teile	20
9	Schlumpfinchen - © PEYO 1991, 8 Teile	20
10	Schokoladenschlumpf - © PEYO 1991, 8 Teile	25
11	Eitelkeitsschlumpf - © PEYO 1991, 8 Teile	25
12	Winterschlumpf - © PEYO 1991, 9 Teile	20

Beipackzettel DM 10,-

BeNeLux-Haus DM 15,-

"Buchhüllen-Diorama"
DM 400,-

Die Aufkleber

Ein heikles Thema unter Sammlern sind immer wieder die Aufkleber, insbesondere bei den Steckfiguren. Nach einigen Jahren hält der Klebstoff des Stickers nicht mehr und die manchmal nur wenige Millimeter großen Schnipselchen lösen sich ab. Im besten Fall wölben sich die Ecken, in schlimmsten Fall geht der Aufkleber schlichtweg verloren. Dieses Problem kann man folgendermaßen vermeiden: Belassen Sie alle Aufkleber ungeklebt auf der Trägerfolie und fertigen Sie in einem Copy-Shop eine Farbkopie der Klebezettel an. Mit Hilfe eines Skalpells oder eines Bastelmessers schneiden sie die kopierten Aufkleber passend aus. Dünnes, durchsichtiges doppelseitiges Klebeband verleiht den neuen "Aufklebern" den notwendigen Halt. Auf diese Weise werden die Orginale geschont, und die Figur hat das gewünschte komplette Äußere. Wenn auf eine Figur geklebte ältere Aufkleber gesichert werden sollen, besorgt man sich am Besten ein sogenanntes "Sticker Album". In dieses lassen sich die Sticker nach vorsichtigem Ablösen einkleben und bei Bedarf wieder abziehen. Der Trick des Fotokopierens kann auf diese Weise auch im Nachhinein angewendet werden.

Micky & Company

16 Stück 1990

Nr.	Name - Info	Preis DM
1	Micky mit 2 Becken und Notenständer - © Disney	15
2	Micky mit Mikrophon - © Disney	15
3	Micky mit Taktstock und Notenständer - © Disney	15
4	Minnie mit Gitarre - © Disney	15
5	Minnie mit Castagnetten - © Disney	15
6	Minnie mit Tambour-Major-Stab - © Disney	15
7	Pluto, Sitzend mit Microphon - © Disney	15
8	Pluto, stehend mit Becken - © Disney	15
9	Pluto, liegend mit Mikrophon - © Disney	15
10	Kommissar Hunter mit Trommel * - © Disney	15
11	Goofy mit Xylophon - © Disney	20
12	Goofy mit Geige - © Disney	20
13	Goofy mit Banjo - © Disney	20
14	Kater Karlo mit Trompete * - © Disney	15
15	Klarabella mit Akkordeon - © Disney	15
16	Horatius Pferd mit Saxophon - © Disney	15

Rezeptvorschlag

"Schokokuchen"
von: Manuela Borchardt, Faulmannweg 11, 24148 Kiel

Normaler Marmorkuchenteig mit vor dem Backen unter die Masse gehobener, gehackter Kinderüberraschungsschokolade.

"Buchhüllen-Diorama"
DM 350,-

Beipackzettel DM 8,-

BeNeLux-Haus
DM 10,-

Asterix

16 Stück 1990

Nr.	Name - Info	Preis DM
1	Asterix mit Wanderstab* - k91n.1 © UDERZO 90	15
2	Asterix mit Kelle* - k91n.3 © UDERZO 90	20
3	Asterix mit Schwert* - k91n.2 © UDERZO 90	15
4	Asterix mit Zaubertrank* - k91n.4 © UDERZO 90	15
5	Legionär mit Speer - k91n.13 © UDERZO 90	15
6	Obelix mit Wildschwein* - k91n.6 © UDERZO 90	15
7	Obelix mit Blumenstrauß* - k91n.5 © UDERZO 90	10
8	Obelix mit Krug* - k91n.7 © UDERZO 90	10
9	Majestix* - k91n.8 © UDERZO 90	15
10	Falbala - k91n.15 © UDERZO 90	15
11	Miraculix mit Flasche* - k91n.10 © UDERZO 90	15
12	Miraculix mit Stock* - k91n.12 © UDERZO 90	20
13	Miraculix mit Sichel* - k91n.11 © UDERZO 90	15
14	Troubadix mit Lyra* - k91n.16 © UDERZO 90	15
15	Cleopatra - k91n.14 © UDERZO 90	15
16	Cäsar - k91n.9 © UDERZO 90	15

** Aufkleber für Augen/Kleidung/Zubehör*

"Buchhüllen-Diorama"
DM 300,-

Beipackzettel DM 7,-

BeNeLux-Haus
DM 8,-

Bugs Bunny, Sylvester and Friends — 20 Stück 1991

Nr.	Name - Info	Preis DM
1	Sylvester mit Schaufel* - k92n.194 © WARNER BROS	15
2	Sylvester mit Besen* - k92n.195 © WARNER BROS	15
3	Sylvester mit Messer und Gabel* - k92n.196 © WARNER BROS	15
4	Sylvester m. Fliegenklatsche u. Sack* - k92n.197 © WARNER BROS	15
5	Tweety mit Tafel* - k92n.198 © WARNER BROS	20
6	Tweety mit Warnschild* - k92n.199 © WARNER BROS	20
7	Tweety auf Aussichtsplattform* - k92n.201 © WARNER BROS	20
8	Tweety mit Wippe* - k92n.200 © WARNER BROS	25
9	Sylvester jr. mit Buch* - k92n.202 © WARNER BROS	15
10	Sylvester jr. mit Lupe* - k92n.203 © WARNER BROS	15
11	Coyote mit Dynamitstange* - k92n.207 © WARNER BROS	15
12	Wile E. Coyote mit Fernrohr* - k92n.206 © WARNER BROS	15
13	Road Runner aufrecht* - k92n.208 © WARNER BROS	15
14	Road Runner gestreckt* - k92n.209 © WARNER BROS	15
15	Speedy Gonzales, Zeigefinger* - k92n.213 © WARNER BROS	15
16	Speedy Gonzales, Hände offen* - k92n.212 © WARNER BROS	15
17	Bugs Bunny mit Gitarre* - k92n.204 © WARNER BROS	15
17	Bugs Bunny mit Tennisschläger* - k92n.205 © WARNER BROS	15
19	Duffy Duck, Zeigefinger erhoben* - k92n.211 © WARNER BROS	15
20	Duffy Duck, Hände unten* - k92n.210 © WARNER BROS	15

** Aufkleber für Augen/Zubehör*

Beipackzettel DM 4,-

BeNeLux-Haus DM 7,-

Archivierung von Beipackzetteln und Puzzles

Wie bewahrt man Beipackzettel und Puzzles geschützt und übersichtlich auf? Manche Sammler kleben die Beipackzettel einfach auf einen großen Bogen Karton und hängen diesen in einem Bilderrahmen an die Wand. Dies hat natürlich den großen Nachteil, daß die Zettel nicht mehr abzulösen sind. Sehr bewährt hat sich die Aufbewahrung der Beipackzettel in einem Briefmarkenalbum, in diesem sind die papiernen Schätze hervorragend aufgehoben. Geschützt vor Schmutz und der Gefahr des Ausbleichens durch das Sonnenlicht lassen sich die Zettel im Album unbegrenzt lagern. Eine andere Möglichkeit sind Negativhüllen aus dem Fotobereich, z.B. von Hama. Die Puzzles kann man sehr gut in einem Telefonkartenalbum unterbringen. Von der Firma KABE gibt es ein System mit Einsteckhüllen, die das Herausnehmen der Puzzles erleichtern. Ein Taschenalbum ist ideal für die doppelten Stücke. Sie erhalten diese Alben im Briefmarkenfachhandel.

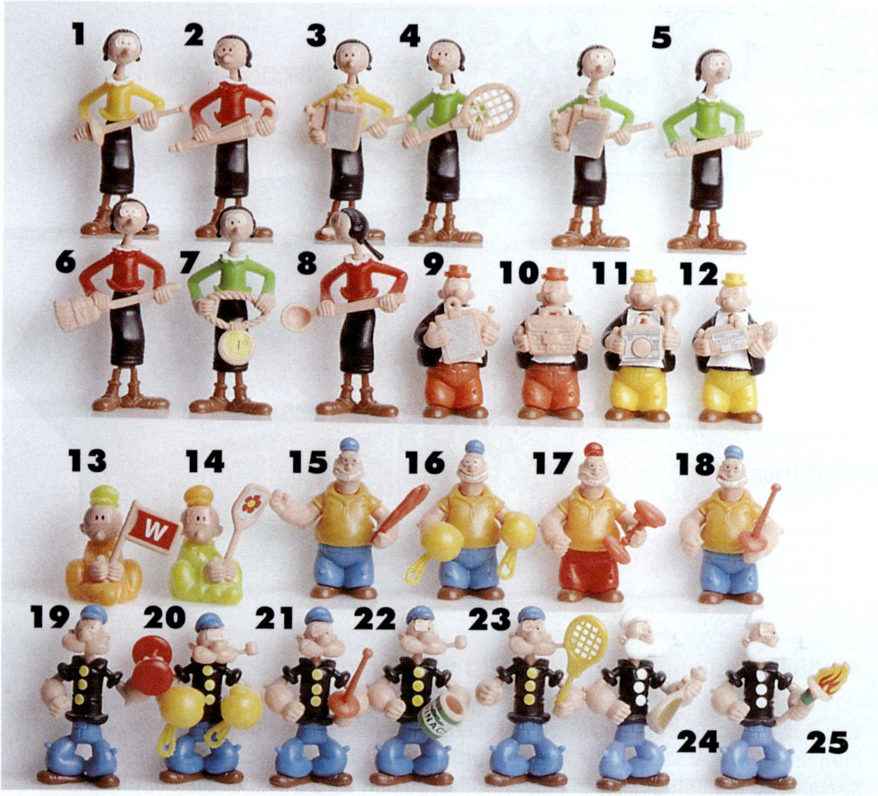

Popeye und seine Freunde

Beipackzettel DM 5,-

"Buchhüllen-Diorama"
DM 500,-

Popeye und seine Freunde 25 Stück 1992

Nr.	Name - Info	Preis DM
1	Olivia mit Degen - k92n.239 © KFS	12
2	Olivia mit Schirm - k92n.235 © KFS	12
3	Olivia mit Klemmbrett + Stoppuhr - k92n.240 © KFS	12
4	Olivia mit Tennisschläger - k92n.238 © KFS	12
5	Olivia mit Nudelholz - k92n.234 © KFS	12
6	Olivia mit Besen - k92n.233 © KFS	12
7	Olivia mit Medaille - k92n.237 © KFS	12
8	Olivia mit Kochlöffel - k92n.236 © KFS	12
9	Wimpy mit Tafel und Stoppuhr - k92n.248 © KFS	12
10	Wimpy mit Aktentasche - k92n.245 © KFS	12
11	Wimpy mit Fotoapperat - k92n.247 © KFS	17
12	Wimpy mit Videokamera - k92n.246 © KFS	25
13	Swee'Pea mit Fähnchen - k92n.252 © KFS	12
14	Swee'Pea mit Schaufel - k92n.251 © KFS	12
15	Brutus mit Keule - k92n.241 © KFS	12
16	Brutus mit Boxhandschuhen - k92n.242 © KFS	12
17	Brutus mit Hantel - k92n.244 © KFS	12
18	Brutus mit Degen - k92n.243 © KFS	12
19	Popeye mit Hantel - k92n.229 © KFS	12
20	Popeye mit Boxhandschuhen - k92n.231 © KFS	12
21	Popeye mit Degen - k92n.230 © KFS	12
22	Popeye mit Spinatdose - k92n.228 © KFS	12
23	Popeye mit Tennisschläger - k92n.232 © KFS	12
24	Poopdeck Pappy mit Flasche - k92n.249 © KFS	12
25	Poopdeck Pappy mit Fackel - k92n.250 © KFS	12
	Aufkleber zu allen Figuren	

BeNeLux-Haus DM 15,-

Tom und Jerry 12 Stück 1992

Nr.	Name - Info	Preis DM
1	Tom als Musketier* - k93n.47 © TURNER	12
2	Tom als Farmer - k93n.48 © TURNER	12
3	Tom als Steuermann - k93n.49 © TURNER	12
4	Tom auf Safari - k93n.50 © TURNER	12
5	Jerry als Musketier* - k93n.51 © TURNER	12
6	Jerry als Farmer - k93n.52 © TURNER	12
7	Jerry als Angler - k93n.53 © TURNER	12
8	Jerry als Trapper - k93n.54 © TURNER	12
9	Quaker - k93n.55 © TURNER	12
10	Tyke - k93n.57 © TURNER	12
11	Spike - k93n.56 © TURNER	12
12	Tuffy - k93n.58 © TURNER	12

*Alle Figuren haben Augenaufkleber / * mit Papierumhang*

Beipackzettel DM 7,-

Peanuts

12 Stück 1993

Nr.	Name - Info	Preis DM
1	Snoopy als Baseballspieler - © UFS 58-66 k94n.37	7
2	Snoopy als Tennisspieler - © UFS 58-66 k94n.36	7
3	Snoopy als Angler - © UFS 58-66 k94n.38	7
a	Snoopy Farbvariante - © UFS 58-66 k94n.38	7
4	Snoopy als Banjospieler - © UFS 58-66 k94n.39	7
5	Snoopy als Maler - © UFS 58-66 k94n.41	7
6	Snoopy als Detektiv - © UFS 58-66 k94n.40	7
7	Charly Brown als Baseballspieler - © UFS 58-66 k94n.33	7
8	Linus mit Decke - © UFS 58-66 k94n.35	7
9	Linus als Angler - © UFS 58-66 k94n.34	7
10	Charly Brown als Tennisspieler - © UFS 58-66 k94n.32	7
11	Lucy - © UFS 58-66 k94n.30	10
b	Lucy Farbvariante - © UFS 58-66 k94n.30	10
12	Woodstock - © UFS 58-66 k94n.31	10

Beipackzettel DM 4,-

Peanuts

Puzzle: Je einzelne Puzzleecke DM 7,-

Puzzlebeipackzettel je DM 4,- (o. Abb.)

Fred Feuerstein

9 Stück 1994

Nr.	Name - Info	Preis DM
1	Barney - Gitarre	5
2	Fred - Axt	5
3	Wilma - Saurier-Staubsauger	5
4	Betty - Angel, Eimer, Fisch	5
5	Dino, auf vier Beinen	5
6	Barney - Angel	5
7	Wilma - Tasche	5
8	Fred - Saurier-Rasenmäher	5
9	Dino, auf zwei Beinen	5

Beipackzettel DM 1,-

Kinder
FERRERO

Fred Feuerstein

Puzzle: Je einzelne
Puzzleecke DM 5,-

Puzzlebeipackzettel je
DM 3,- (o. Abb.)

Yogi Bear

Puzzle: Je einzelne
Puzzleecke DM 5,-

Puzzlebeipackzettel je
DM 2,- (o. Abb.)

Beipackzettel
Deutschland
je DM 1,-

Yogi Bear

12 Stück 1995

Nr.	Name - Info	Preis DM
1	Yogi Bear - K96n.51	5
2	Boo Boo Bear - K96n.53	5
3	Chopper - K96n.59	5
4	Fiber Fox - K96n.57	5
5	Cindy Bear - K96n.55	5
6	Ranger Smith - K96n.61	5
7	Yogi Bear - K96n.50 *	3
8	Cindy Bear - K96n.54 *	3
9	Fiber Fox - K96n.56 *	3
10	Chopper - K96n.58 *	3
11	Boo Boo Bear - K96n.52 *	3
12	Ranger Smith - K96n.60 *	3

** Figuren Nr. 7 bis 12 sind 1996 auch in Deutschland erschienen.*

Beipackzettel BeNeLux je DM 1,-

Magico Oriente

6 Stück 1995

Nr.	Name - Info	Preis DM
1	Schreiber	7
2	Sultan auf fliegendem Teppich	7
3	Geist aus der Flasche	7
4	Haremsdame	7
5	Wächter mit Waffen	7
6	Junge mit Wunderlampe	7

Beipackzettel
je DM 2,-

Rezeptvorschlag

"Schoko-Teddy"
von: Silvia Dill, Burghaldenweg 20,
CH-4435 Niederdorf

ca. 100g Schokolade schmelzen (bei Bedarf etwas Schokoladenpulver zugeben, um eine dunklere Farbe zu erreichen) und in ein herziges Förmchen geben. Abkühlen lassen und im Kühlschrank aufbewahren.

Bärenstarke Wikinger

4 Stück

Nr.	Name - Info	Preis DM
1	Wikinger	40
2	Wikinger	40
3	Wikinger	40
4	Wikinger	40
a	Farbvarianten	

Beipackzettel DM 50,-

Die Samurais

4 Stück

Nr.	Name - Info	Preis DM
1	Samurai	40
2	Samurai	40
3	Samurai	40
4	Samurai	40
a	Farbvarianten	

Beipackzettel DM 50,-

Ritter Kunibert

8 Stück

Nr.	Name - Info	Preis DM
1	Kunibert gelb mit Streitaxt und Schild	30
2	Kunibert grün mit zwei Dolchen	30
3	Kunibert rot mit Streitaxt und Schild	30
4	Kunibert blau mit zwei Dolchen	30
5	Kunibert silber mit Pferd	30
6	Kunibert gold mit Pferd	30
7	Kunibert blau mit Pferd	30
8	Kunibert schwarz mit Pferd	30

Beipackzettel DM 50,-

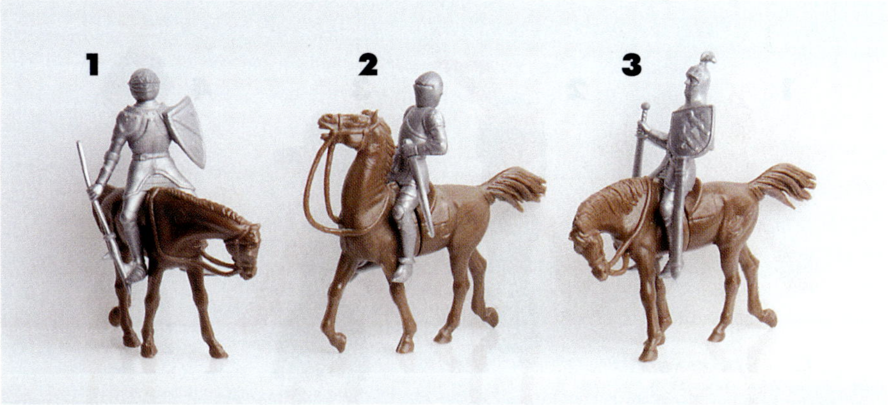

Ritter

3 Stück

Nr.	Name - Info	Preis DM
1	Ritter mit Pferd	23
2	Ritter mit Pferd	23
3	Ritter mit Pferd	23
	Verschiedene Farben für Reiter und Pferde bekannt	

Musketiere

3 Stück

Nr.	Name - Info	Preis DM
1	Musketier mit Pferd	23
2	Musketier mit Pferd	23
3	Musketier mit Pferd	23
	Verschiedene Farben für Reiter und Pferde bekannt	

Ein Inder der sein Land nie sah,... 4 Stück

Nr.	Name - Info	Preis DM
1	Cowboy	25
2	Indianer	25
3	Mexikaner	25
4	Inder	25

Beipackzettel DM 40,-

Wikinger 4 Stück

Nr.	Name - Info	Preis DM
1	Wikinger mit Streiaxt und Schild	15
2	Wikinger mit Armbrust und Schild	15
3	Wikinger mit Schwert und Schild	15
4	Wikinger mit Hellebarde und Schild	15

Ritter **5 Stück**

Nr.	Name - Info	Preis DM
1	Ritter weiß mit Schwert und Schild	23
2	Ritter weiß mit Schwert und Schild	23
3	Ritter rot mit Armbrust und Schwert	23
4	Ritter blau mit Armbrust und Schwert	23
5	Ritter gelb mit Armbrust und Schwert	23

Ritter **6 Stück**

Nr.	Name - Info	Preis DM
1	Ritter blau	20
2	Ritter blau	20
3	Ritter gold	20
4	Ritter gold	20
5	Ritter silber	20
6	Ritter silber	20

Eishockey

8 Stück

Nr.	Name - Info	Preis DM
1	Eishockeyspieler	23
2	Eishockeyspieler	23
3	Eishockeyspieler	23
4	Eishockeyspieler	23
5	Eishockeyspieler	23
6	Eishockeyspieler	23
7	Eishockeyspieler	23
8	Eishockeyspieler	23

Sportlerinnen

4 Stück

Nr.	Name - Info	Preis DM
1	Bodenturnerin	18
2	Sprinterin	18
3	Eiskunstläuferin	18
4	Schwimmerin	18

Verschiedene Sauerstofflaschen

Astronauten **7 Stück**

Nr.	Name - Info	Preis DM
1	Astronaut 1	27
2	Astronaut 2	27
3	Astronaut 3	27
4	Astronaut 4	27
5	Astronaut 5	27
6	Astronaut 6	27
7	Astronaut 7	27

Beipackzettel: Je 25,-

Die lustigen Astronauten

8 Stück

Nr.	Name - Info	Preis DM
1	Astronaut 1	15
2	Astronaut 2	15
3	Astronaut 3	15
4	Astronaut 4	15
5	Astronaut 5	15
6	Astronaut 6	15
7	Astronaut 7	15
8	Astronaut 8	15

Berufe

6 Stück

Nr.	Name - Info	Preis DM
1	Pirat	15
2	Schatzsucher	15
3	Bergmann	15
4	Admiral	15
5	Stierkämpfer	15
6	Koch	15

Die lustigen Cowboys **10 Stück**

Nr.	Name - Info	Preis DM
1	Cowboy 1	15
a	Farbvariante	15
2	Cowboy 2	15
b	Farbvarianten	15
3	Cowboy 3	15
c	Farbvarianten	15
4	Cowboy 4	15
d	Farbvariante *Ähnliche Figuren werden unabhängig von Ferrero im Spielzeughandel vertrieben.*	15

Dick und Doof **2 Stück**

Nr.	Name - Info	Preis DM
1	Oliver Hardy	50
2	Stan Laurel	50

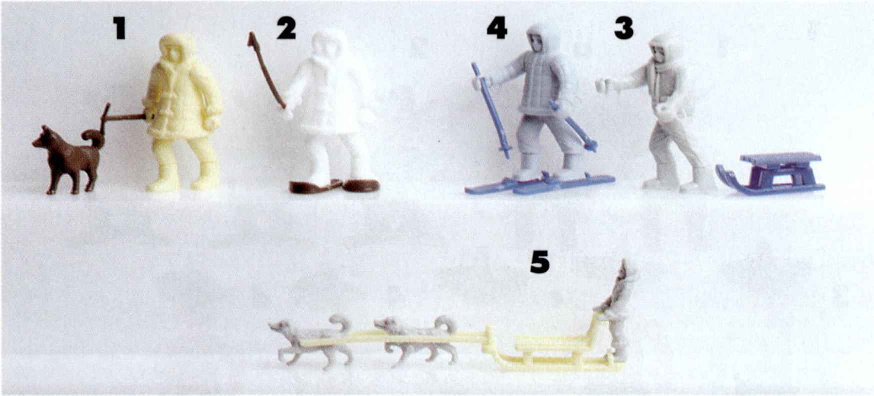

Polarforschung — 5 Stück 1992

Nr.	Name - Info	Preis DM
1	Forscher mit Eispickel und Hund	20
2	Forscher mit Schneeschuhen	20
3	Forscher mit Schlitten	20
4	Forscher auf Skiern	20
5	Forscher mit Hundeschlitten	20

Beipackzettel DM 10,-

Ferrero Werbefigur — 4 Stück

Nr.	Name - Info	Preis DM
1	Junge mit Baseballschläger	30
2	Junge mit Kelle	30
3	Junge mit Tennisschläger	30
4	Junge mit Gitarre	30

Sportler

4 Stück 1982

Nr.	Name - Info	Preis DM
1	Hockeyspieler	180
2	Jockey	180
3	Baseballspieler	180
4	Tennisspieler	180

Zirkus Spielfiguren

3 Stück 1983

Nr.	Name - Info	Preis DM
1	Jongleur	200
2	Musiker	190
3	Dompteur	160

Feuerwehr Spielfiguren

3 Stück 1983

Nr.	Name - Info	Preis DM
1	Feuerwehrmann mit Feuerlöscher	190
2	Feuerwehrmann mit Axt	180
3	Feuerwehrmann mit Megaphon	180

Variable Spielfiguren
7 Stück 1984

Nr.	Name - Info	Preis DM
1	Mädchen - Schuhe	70
2	Astronaut	50
3	Kapitän - Bart und Pfeife	260
4	Pirat	90
5	Rennfahrer	40
6	Schornsteinfeger	110
7	Indianer	150

Beipackzettel DM 40,-

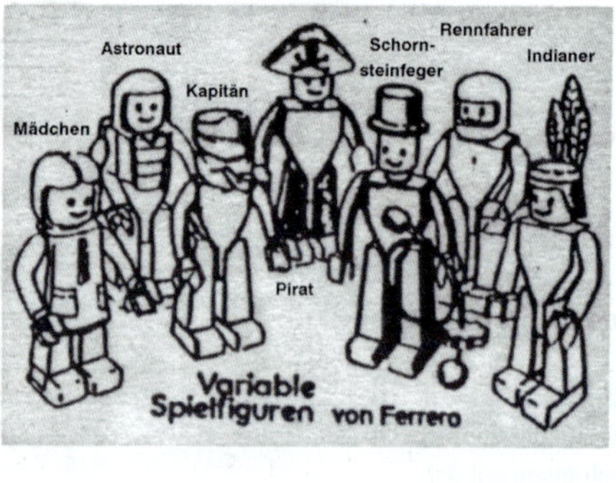

Variable Spielfiguren

6 Stück 1985

Nr.	Name - Info	Preis DM
1	Astronaut 1 - Funkgerät schwarz	70
2	Astronaut 2	40
3	Mädchen	40
4	Mexikaner	40
5	Indianer	80
6	Gärtner - Bart und Rechen	170

Beipackzettel DM 50,-

Variable Spielfiguren

3 Stück 1986

Nr.	Name - Info	Preis DM
1	Straßenbauarbeiter	40
2	Koch	30
3	Polizist	100
a	Farbvariante	90

Beipackzettel DM 50,-

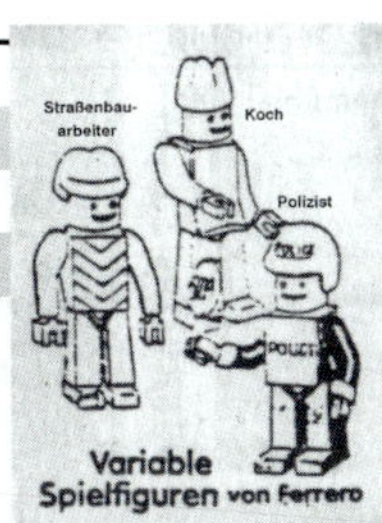

Rundkörperfiguren 1 — 4 Stück 1987

Nr.	Name - Info	Preis DM
1	Forscher mit Feldstecher	180
2	Legionär mit Feldflasche und Pistole	180
3	Offizier mit Gewehr	180
4	Sheriff mit Winchester	180

Rundkörperfiguren 2 — 4 Stück 1987

Nr.	Name - Info	Preis DM
1	Offizier 1 mit Säbel (ohne Abbildung)	150
2	Offizier 2 mit Lanze	150
3	Offizier 3 mit Gewehr	150
4	Mexikaner mit Feldstecher	150

Rundkörperfiguren 3

4 Stück 1987

Nr.	Name - Info	Preis DM
1	Sheriff	70
2	Feuerwehrmann	70
3	Offizier	70
4	Mexikaner	70

Wintersportler

3 Stück 1987

Nr.	Name - Info	Preis DM
1	Rodler	22
a	Rodler	22
2	Eishockeyspieler	22
b	Eishockeyspieler	22
3	Skifahrer	22
c	Skifahrer	22

Beipackzettel DM 30,-

Unterschiedliche Rückennummern

Freizeitsportler

6 Stück 1988

Nr.	Name - Info	Preis DM
1	Sporttaucher	25
b	Sporttaucher Farbvariante	25
2	Tiefseetaucher	22
a	Tiefseetaucher, Farbvariante	22
3	Torwart	22
4	Fußballspieler	22
c	Fußballspieler, Farbvarinate	22
5	Tennisspieler	22
6	Tennisspielerin	22

Beipackzettel DM 20,-

Menschen in der Natur

5 Stück 1988

Nr.	Name - Info	Preis DM
1	Bergsteiger	25
a	Bergsteiger Farbvariante	25
2	Gärtner	25
3	Schäfer	25
b	Schäfer Farbvarinate	25
4	Wanderer	25
5	Jäger	25

Beipackzettel DM 20,-

Stars in der Manege

5 Stück 1989

Nr.	Name - Info	Preis DM
1	Nino	17
2	Charly	17
a	Charly Farbvariante	17
3	Pepe	17
4	Bajazzo	17
5	Zauberer (nur in der Serie „Circus Sorpresa")	17
b	Zauberer Farbvariante	17

Beipackzettel je DM 20,-

hatte ich mal

Feuerwehr-Übung

8 Stück 1990

Nr.	Name - Info	Preis DM
1	Sanitäterin	20
2	Sanitäter	20
3	Krankenschwester	20
4	Feuerwehrmann mit Atemschutzgerät	20
5	Feuerwehrmann mit Löschgerät	20
6	Feuerwehrmann mit Axt + Eimer	20
7	Feuerwehrmann mit Feuerlöscher	20
8	Feuerwehrhauptmann	20
a	Farbvarianten	20

Beipackzettel DM 17,-

Im Wikingerlager

10 Stück 1991

Nr.	Name - Info	Preis DM
1	Wikinger mit Schwert	15
2	Wikinger mit Speer u. Schild	15
3	Wikinger als Schmied	18
4	Wikinger mit Axt und Schild	15
5	Wikinger mit Pfeil u. Bogen	15
6	Wikinger mit Speer	15
7	Wikingerfrau mit Feuerstelle	22
8	Mädchen mit Pfeil u. Bogen	15
9	Wikingerfrau mit Pfanne	15
10	Wikingerfrau m. Wassereimer	15
a	Farbvarianten gibt es von allen Figuren. Hier nur einige Beispiele.	15

Beipackzettel
DM 13,-

Die Indianer vom Schlangenfluß **10 Stück 1992**

Nr.	Name - Info	Preis DM
1	Kundschafter	10
2	Medizinmann	10
3	Wächter	10
4	Tänzer	10
5	Totempfahl	10
6	Häuptling	10
7	Jäger	10
8	Squaw mit Baby	10
9	Squaw mit Webstuhl	13
10	Jägerin	10
a	Farbvarianten	10

Beipackzettel DM 10,-

Varianten

Die Indianer vom Schlangenfluß

Puzzle: Je einzelne
Puzzleecke DM 11,-

Puzzlebeipackzettel
je DM 6,- (o. Abb.)

Manege frei

6 Stück 1993

Nr.	Name - Info	Preis DM
1	Ball-Artistin	5
2	Dompteur	5
3	Zirkus-Direktor	5
4	Jongleur	5
5	Musik-Clown	5
6	Stelzenmann	5
a-d	Varianten	5

Beipackzettel DM 4,-

Beipackzettel DM 5,-

Geisterstunde

3 Stück 1993

Nr.	Name - Info	Preis DM
1	Rosa Geist	6
2	Gelber Geist	6
3	Blauer Geist	6

Leute die man gerne trifft 6 Stück 1993

Nr.	Name - Info	Preis DM
1	Eismann	4
2	Eis-Mobil	4
3	Postbote	4
4	Post-Mobil	4
5	Koch	4
6	City-Grill	4
a	Farbvariante	5

Verschiedene Beipackzettel jeweils DM 3,-

Bei den Eskimos

9 Stück 1994

Nr.	Name - Info	Preis DM
1	Jäger - Gewehr, 2 Schneeschuhe	4
2	Schneewanderer - Ski, Aufkleber	4
3	Eskimofrau - Gestell, Fische	4
4	Fischer - Angel, Eimer, Fisch	4
5	Eskimomutter - Kind in Tragetasche	4
6	Hundeschlitten - Hunde	4
7	Forscher - Video-Kamera	4
8	Junge - Schneemann, Angel	4
9	Mädchen - Schlitten	4

Beipackzettel je DM 2,-

Bei den Eskimos

5 Stück 1994

Nr.	Name - Info	Preis DM
1	Snow Fun Puppy	4
2	Snow Fun Sealbaby	4
3	Polarflugzeug	4
4	Iglu	8
5	Iglu	8

Beipackzettel je DM 2,-

Puzzle: Je einzelne Puzzleecke DM 6,-

Puzzlebeipackzettel je DM 3,- (o. Abb.)

Faszinierendes Afrika

11 Stück 1995

Nr.	Name - Info	Preis DM
1	Tierfilmer mit Kamera	4
2	Tierpflegerin mit Gazellenbaby	4
3	Tierpflegerin mit Affe	4
4	Tierärztin mit Löwenbaby	4
5	Medizinmann mit Medizinbeutel	4
6	Jäger mit Speer	4
7	Medizinmann mit Zeremonienstab	4
8	Tourist mit Feldstecher	4
9	Jäger mit Pfeil und Bogen	4
10	Frau mit Kochstelle	4
11	Frau mit Krug	4

Beipackzettel DM 1,-

Ferraerospace Crew

Puzzlebeipackzettel je DM 2,- (o. Abb.)
Puzzle: Je einzelne Puzzleecke DM 4,-
(4. Ecke ohne Abb.)

Beipackzettel je DM 1,-

Zu dieser Serie lag uns bei Redaktionsschluß nur der Beipackzettel vor.

Beipackzettel DM 1,-

Ferraerospace Crew

9 Stück 1996

Nr.	Name - Info	Preis DM
1	Hyperraum-Mechaniker (o. Abb.)	4
2	Pilotin (o. Abb.)	4
3	* Monteur (o. Abb.)	4
4	* Astronaut mit Antriebspaket (o. Abb.)	4
5	Oxote mit Metalldetektor (o. Abb.)	4
6	* Mann auf Stehgleiter (o. Abb.)	4
7	* Astronaut mit Sichtgerät (o. Abb.)	4
8	Android FA3-P (o. Abb.)	4
9	* Außerirdischer mit Richtantenne (o. Abb.)	4
10	Ferraerospace Räumer: Schaufel FX-S (o. Abb.)	4
11	Ferraerospace Räumer: Bohrer FX-B (o. Abb.)	4
12	Ferraerospace Räumer: Greifer FX-G (o. Abb.)	4
13	Raumgleiter Y (o. Abb.)	4
14	Raumgleiter Klas (o. Abb.)	4

** Die Namen dieser Figuren waren bei Redaktionsschluß unbekannt.*

Wikinger Spielfiguren

6 Stück 1981

Nr.	Name - Info	Preis DM
1	Wikinger	30
2	Wikinger	30
3	Wikinger	30
4	Wikinger	30
5	Wikinger	30
6	Wikinger	30

Achtung, diese Figuren waren auch im Spielzeughandel erhältlich!

Zirkus Lilliput

5 Stück

Nr.	Name - Info	Preis DM
1	Tuschinski, der Kapellmeister	25
2	Musiker	25
3	Direktor	25
4	Musiker	25
5	Musiker	25

Verschiedene Spielfiguren

12 Stück 1987

Nr.	Name - Info	Preis DM
1	Feuerwehrmann	10
2	Straßenfeger	10
a	Farbvariante	10
3	Matrose	10
4	Koch	10
5	Polizist	10
6	Bauarbeiter	10
7	Kunstmaler	10
8	Cowboy	10
9	Nordstaatler	10
10	Konditor	10
11	Indianer	10
12	Polizist	10
	Achtung, diese Figuren waren auch im Spielzeughandel erhältlich!	

Beipackzettel DM 18,-

Fleißige Handwerker — 6 Stück 1989

Nr.	Name - Info	Preis DM
1	Zimmermann	8
2	Mechaniker	8
3	Malermeister	8
4	Gärtner	8
5	Bauarbeiter	8
6	Bergmann	8
	Achtung, diese Figuren waren auch im Spielzeughandel erhältlich!	

Wintersportler — 4 Stück

Nr.	Name - Info	Preis DM
1	Skifahrer	8
2	Rodler	8
3	Eishokeyspieler	8
4	Bergsteiger	9

Beipackzettel DM 4,-

Römer 100 - 400 n. Chr. — 4 Stück

Nr.	Name - Info	Preis DM
1	Centurio - Eisen, ohne Kennung, 40mm	35
2	Legionär - Eisen, ohne Kennung, 40mm	35
3	Legionär - Eisen, ohne Kennung, 40mm	35
4	Gladiator - Eisen, ohne Kennung, 40mm	35
1	Centurio - Brüniert, ohne Kennung, 40mm	25
2	Legionär - Brüniert, ohne Kennung, 40mm	25
3	Legionär - Brüniert, ohne Kennung, 40mm	25
4	Gladiator - Brüniert, ohne Kennung, 40mm	25

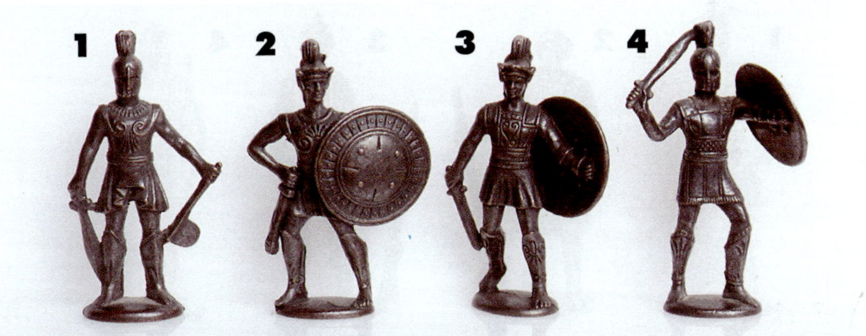

Griechische Krieger (Spartaner) — 4 Stück

Nr.	Name - Info	Preis DM
1	Hoplit - Silber, ohne Kennung, 40mm	25
2	Hoplit - Silber, ohne Kennung, 40mm	25
3	Hoplit - Silber, ohne Kennung, 40mm	25
4	Hoplit - Silber, ohne Kennung, 40mm	25
1	Hoplit - Brüniert, ohne Kennung, 40mm	10
2	Hoplit - Brüniert, ohne Kennung, 40mm	10
3	Hoplit - Brüniert, ohne Kennung, 40mm	10
4	Hoplit - Brüniert, ohne Kennung, 40mm	10

Krieger 1. - 12. Jh. — 4 Stück

Nr.	Name - Info	Preis DM
1	Gallischer oder Germanischer Fürst - Brüniert, ohne Kennung, 40mm	12
2	Germanischer Fürst - Brüniert, ohne Kennung, 40mm	12
3	Normannischer Krieger - Brüniert, ohne Kennung, 40mm	12
4	Englischer Kriegsknecht - Brüniert, ohne Kennung, 40mm	12
1	Gallischer oder Germanischer Fürst - Zink, ohne Kennung, 40mm	20
2	Germanischer Fürst - Zink, ohne Kennung, 40mm	20
3	Normannischer Krieger - Zink, ohne Kennung, 40mm	20
4	Englischer Kriegsknecht - Zink, ohne Kennung, 40mm	20

19. Jahrhundert — 4 Stück

Nr.	Name - Info	Preis DM
1	Hauptmann - Brüniert, ohne Kennung, 40mm	12
2	Gemeiner Soldat - Brüniert, ohne Kennung, 40mm	12
3	Gemeiner Soldat - Brüniert, ohne Kennung, 40mm	12
4	Evzone - Brüniert, ohne Kennung, 40mm	12
1	Hauptmann - Zink, ohne Kennung, 40mm	20
2	Gemeiner Soldat - Zink, ohne Kennung, 40mm	20
3	Gemeiner Soldat - Zink, ohne Kennung, 40mm	20
4	Evzone - Zink, ohne Kennung, 40mm	20

Napoleonische Soldaten (1808 - 1813) — 4 Stück

Nr.	Name - Info	Preis DM
1	Offizier - Brüniert, ohne Kennung, 40mm	27
2	Offizier - Brüniert, ohne Kennung, 40mm	27
3	Grenadier - Brüniert, ohne Kennung, 40mm	27
4	Kanonier - Brüniert, ohne Kennung, 40mm	27

Piraten — 4 Stück

Nr.	Name - Info	Preis DM
1	Pirat - Brüniert, ohne Kennung, 40mm	270
2	Pirat - Brüniert, ohne Kennung, 40mm	270
3	Pirat - Brüniert, ohne Kennung, 40mm	270
4	Pirat - Brüniert, ohne Kennung, 40mm	270
1	Pirat - Eisen, ohne Kennung, 40mm	240
2	Pirat - Eisen, ohne Kennung, 40mm	240
3	Pirat - Eisen, ohne Kennung, 40mm	240
4	Pirat - Eisen, ohne Kennung, 40mm	240

Berufe

4 Stück

Nr.	Name - Info	Preis DM
1	Arzt - Eisen, ohne Kennung, 40mm	60
2	Büroangestellter - Eisen, ohne Kennung, 40mm	60
3	Jurist - Eisen, ohne Kennung, 40mm	60
4	Architekt - Eisen, ohne Kennung, 40mm	60

Soldaten 14. - 16. Jhd.

6 Stück

Nr.	Name - Info	Preis DM
1	Deutscher Kriegsknecht - Brüniert, ohne Kennung, 40mm	12
2	Ritter - Brüniert, ohne Kennung, 40mm	12
3	Pikenier - Brüniert, ohne Kennung, 40mm	12
4	Musketier - Brüniert, ohne Kennung, 40mm	12
1	Deutscher Kriegsknecht - Zink, ohne Kennung, 40mm	20
2	Ritter - Zink, ohne Kennung, 40mm	20
3	Pikenier - Zink, ohne Kennung, 40mm	20
4	Musketier - Zink, ohne Kennung, 40mm	20
2	Ritter - Messing, ohne Kennung, ohne Wappenzeichen, 40mm	400
4	Musketier - Messing, ohne Kennung, Wappenzeichen "Garde der Königin", 40mm	400

Schotten (1850 - 1908) **6 Stück**

Nr.	Name - Info	Preis DM
1	Dragoneroffizier - Silber, Eisen, Grünspan, mit oder ohne Kennung "4 A", 40mm	7
2	Generaloffizier - Silber, Eisen, Grünspan, mit oder ohne Kennung "4 B", 40mm	7
3	Ausbilderoffizier - Silber, Eisen, Grünspan, mit oder ohne Kennung "4 C", 40mm	7
4	Kapellmeister (Regimentstambour) - Silber, Eisen, Grünspan, mit o. ohne Kennung "4 D", 40mm	7
5	Dudelsackpfeifer - Silber, Eisen, Grünspan, mit oder ohne Kennung "4 E", 40mm	7
6	Korporal - Silber, Eisen, Grünspan, mit oder ohne Kennung "4 F", 40mm	7
1	Dragoneroffizier - Messing, Eisen, Kupfer, Kennung "F 31", 35mm	20
2	Generaloffizier - Messing, Eisen, Kupfer, Kennung "F 32", 35mm	20
3	Ausbilderoffizier - Messing, Eisen, Kupfer, Kennung "F 33", 35mm	20
4	Kapellmeister (Regimentstambour) - Messing, Eisen, Kupfer, Kennung "F 34", 35mm	20
5	Dudelsackpfeifer - Messing, Eisen, Kupfer, Kennung "F 35", 35mm	20
6	Korporal - Messing, Eisen, Kupfer, Kennung "F 36", 35mm	20

Beipackzettel DM 8,-

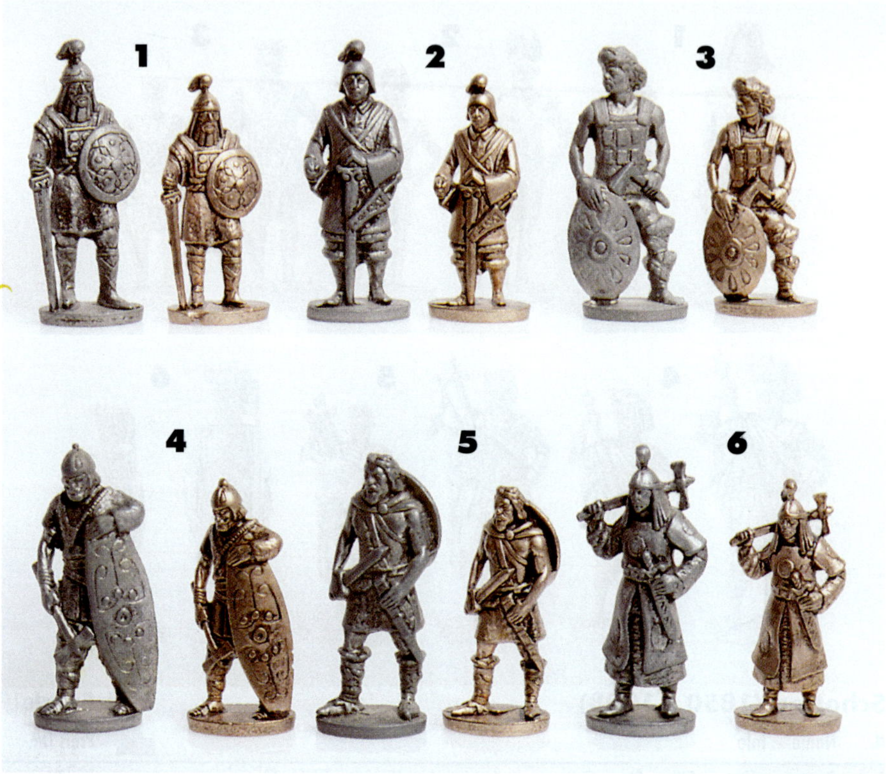

Krieger

6 Stück

Nr.	Name - Info	Preis DM
1	Chinesischer Krieger - Eisen, Kupfer, Kennung "9 A", 40mm	8
2	Chinesischer Krieger - Eisen, Kupfer, Kennung "9 B", 40mm	8
3	Hunne (Tartare) - Eisen, Kupfer, Kennung "9 C", 40mm	8
4	Fränkischer Krieger - Eisen, Kupfer, Kennung "9 D", 40mm	8
5	Fränkischer Krieger - Eisen, Kupfer, Kennung "9 E", 40mm	8
6	Chinesischer Krieger - Eisen, Kupfer, Kennung "9 F", 40mm	8
1	Chinesischer Krieger - Messing, Eisen, Kupfer, Kennung "I 50", 35mm	20
2	Chinesischer Krieger - Messing, Eisen, Kupfer, Kennung "I 51", 35mm	20
3	Hunne (Tartare) - Messing, Eisen, Kupfer, Kennung "I 52", 35mm	20
4	Fränkischer Krieger - Messing, Eisen, Kupfer, Kennung "I 53", 35mm	20
5	Fränkischer Krieger - Messing, Eisen, Kupfer, Kennung "I 54", 35mm	20
6	Chinesischer Krieger - Messing, Eisen, Kupfer, Kennung "I 55", 35mm	20

Ägypter **6 Stück**

Nr.	Name - Info	Preis DM
1	Pharao - Silber, Eisen, Kennung "10-A", 40mm	8
2	Pharao - Silber, Eisen, Kennung "10-B", 40mm	8
3	Würdenträger des Pharao - Silber, Eisen, Kennung "10-C", 40mm	8
4	Pharao - Silber, Eisen, Kennung "10-D", 40mm	8
5	Wächter des Pharao - Silber, Eisen, Kennung "10-E", 40mm	8
6	Priester - Silber, Eisen, Kennung "10-F", 40mm	8
1	Pharao - Messing, Eisen, Kupfer, Kennung "L-55", 35mm	8
2	Pharao - Messing, Eisen, Kupfer, Kennung "L-56", 35mm	20
3	Würdenträger des Pharao - Messing, Eisen, Kupfer, Kennung "L-57", 35mm	20
4	Pharao - Messing, Eisen, Kupfer, Kennung "L-58", 35mm	20
5	Wächter des Pharao - Messing, Eisen, Kupfer, Kennung "L-59", 35mm	20
6	Priester - Messing, Eisen, Kupfer, Kennung "L-60", 35mm	20

Beipackzettel DM 10,-

Wikinger

6 Stück

Nr.	Name - Info	Preis DM
1	Wikinger - Kupfer, Eisen, ohne Kennung, 40mm	*
2	Wikinger - Kupfer, Eisen, ohne Kennung, 40mm	*
3	Wikinger - Kupfer, Eisen, ohne Kennung, 40mm	*
4	Wikinger - Kupfer, Eisen, ohne Kennung, 40mm	*
5	Wikinger - Kupfer, Eisen, ohne Kennung, 40mm	*
6	Wikinger - Kupfer, Eisen, ohne Kennung, 40mm	*
1	Wikinger - Messing, Eisen, Kupfer, A-1, 35mm	20
2	Wikinger - Messing, Eisen, Kupfer, A-2, 35mm	20
3	Wikinger - Messing, Eisen, Kupfer, A-3, 35mm	20
4	Wikinger - Messing, Eisen, Kupfer, A-4, 35mm	20
5	Wikinger - Messing, Eisen, Kupfer, A-5, 35mm	20
6	Wikinger - Messing, Eisen, Kupfer, A-6, 35mm	20

** Kupfer DM 10,-; Eisen DM 50,-*

Beipackzettel DM 12,-

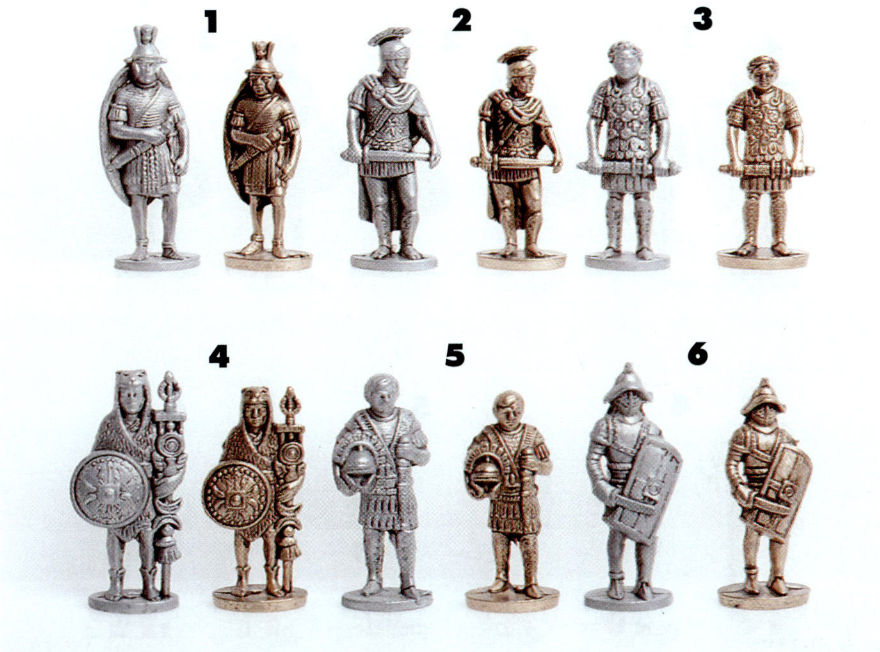

Römer

6 Stück

Nr.	Name - Info	Preis DM
1	Auxilarius (Hilfe Leistender) - Eisen, ohne Kennung, 40mm	8
2	Legat (Unterfeldherr) - Eisen, ohne Kennung, 40mm	8
3	Centurio (Hauptmann) - Eisen, ohne Kennung, 40mm	8
4	Vexilarius (Fahnenträger) - Eisen, ohne Kennung, 40mm	8
5	Centurio (Hauptmann) - Eisen, ohne Kennung, 40mm	8
6	Thrax - Eisen, ohne Kennung, 40mm	8
1	Auxilarius (Hilfe Leistender) - Messing, Eisen, Kupfer, B-11, 35mm	20
2	Legat (Unterfeldherr) - Messing, Eisen, Kupfer, B-7, 35mm	20
3	Centurio (Hauptmann) - Messing, Eisen, Kupfer, B-8, 35mm	20
4	Vexilarius (Fahnenträger) - Messing, Eisen, Kupfer, B-9, 35mm	20
5	Centurio (Hauptmann) - Messing, Eisen, Kupfer, B-10, 35mm	20
6	Thrax - Messing, Eisen, Kupfer, B-12, 35	20

Beipackzettel DM 10,-

Ritter **6 Stück**

Nr.	Name - Info	Preis DM
1	Ritter - Eisen, Grünspan, ohne Kennung, 40mm	10
2	Fränkischer Ritter - Eisen, Grünspan, ohne Kennung, 40mm	10
3	Ritter - Eisen, Grünspan, ohne Kennung, 40mm	10
4	Arkebusier - Eisen, Grünspan, ohne Kennung, 40mm	10
5	Ritter - Eisen, Grünspan, ohne Kennung, 40mm	10
6	Hoplit (Griechischer Krieger) - Eisen, Grünspan, ohne Kennung, 40mm	10
1	Ritter - Messing, Eisen, Kupfer, C-13, 35mm	20
2	Fränkischer Ritter - Messing, Eisen, Kupfer, C-14, 35mm	20
3	Ritter - Messing, Eisen, Kupfer, C-15, 35mm	20
4	Arkebusier - Messing, Eisen, Kupfer, C-16, 35mm	20
5	Ritter - Messing, Eisen, Kupfer, C-17, 35mm	20
6	Hoplit (Griechischer Krieger) - Messing, Eisen, Kupfer, C-18, 35mm	20

Musketiere

6 Stück

Nr.	Name - Info	Preis DM
1	Musketier (Spanien um 1650) - Silber, Messing, Grünspan, Nr. 1, 40mm	*
2	Musketier (Frankreich 1618 - 1700) - Silber, Messing, Grünspan, Nr. 2, 40mm	*
3	Pickeur (Frankreich 1618 - Silber, Messing, Grünspan, Nr. 3, 40mm	*
4	Söldner (Niederlande 1600 - 1670) - Silber, Messing, Grünspan, Nr. 4, 40mm	*
5	Ritter (Schweden 1660) - Silber, Messing, Grünspan, Nr. 5, 40mm	*
6	Musketier (Frankreich 1618 - 1700) - Silber, Messing, Grünspan, Nr. 6, 40mm	*
1	Musketier (Spanien um 1650) - Messing, Eisen, Kupfer, E-25, 35mm	20
2	Musketier (Frankreich 1618 - 1700) - Messing, Eisen, Kupfer, E-26, 35mm	20
3	Pickeur (Frankreich 1618 - Messing, Eisen, Kupfer, E-27, 35mm	20
4	Söldner (Niederlande 1600 - 1670) - Messing, Eisen, Kupfer, E-28, 35mm	20
5	Ritter (Schweden 1660) - Messing, Eisen, Kupfer, E-29, 35mm	20
6	Musketier (Frankreich 1618 - 1700) - Messing, Eisen, Kupfer, E-30, 35mm	20
	** Silber DM 6,-; Messing DM 15,-; Grünspan DM 10,-*	

Beipackzettel DM 10,-

Preußen

6 Stück

Nr.	Name - Info	Preis DM
1	Hornist (um 1814) - Messing, ohne Kennung, 40mm	80
2	Artillerist (1814) - Messing, ohne Kennung, 40mm	80
3	Jäger (um 1809) - Messing, ohne Kennung, 40mm	100
4	Offizier - Messing, ohne Kennung, 40mm	80
5	General (um 1815) - Messing, ohne Kennung, 40mm	80
6	Rittmeister (um 1813/14) - Messing, ohne Kennung, 40mm	80

Schotten um 1743

4 Stück

Nr.	Name - Info	Preis DM
1	Korporal - Scozzese 1 - Brüniert, Kennung "RP 1482" *	40
2	Infanterist - Scozzese 2 - Brüniert, Kennung "RP 1482" *	40
3	Dudelsackpfeifer - Scozzese 3 - Brüniert, Kennung "RP 1482" *	40
4	Tambourmajor - Scozzese 4 - Brüniert, Kennung "RP 1482" *	40
1	Korporal - Scot 1 - Gold, Kennung "SCAME", k93n. 131	5
2	Infanterist - Scot 2 - Gold, Kennung "SCAME", k93n. 132	5
3	Dudelsackpfeifer - Scot 3 - Gold, Kennung "SCAME", k93n. 133	5
4	Tambourmajor - Scot 4 - Gold, Kennung "SCAME", k93n. 134	5
	** Auch mit Kennung "SCAME" und "Scot1" bis "Scot 4" je DM 50,-*	

Beipackzettel DM 5,-

Soldaten 18. - 19. Jh. — 6 Stück

Nr.	Name - Info	Preis DM
1	Unteroffizier (Rußland) 1797 - Messing, Eisen, ohne Kennung, 40 mm	*
2	Musketier (Spanien) 1795 - Messing, Eisen, ohne Kennung, 40 mm	*
3	Musketier (Württemberg) 1795 - Messing, Eisen, ohne Kennung, 40 mm	*
4	Grenadier (Italien) 1805 - Messing, Eisen, ohne Kennung, 40 mm	*
5	Grenadier (Italien) 1810 - Messing, Eisen, ohne Kennung, 40 mm	*
6	Offizier (Sardinien) 1814 - Messing, Eisen, ohne Kennung, 40 mm	*
1	Unteroffizier (Rußland) 1797 - Messing, Eisen, Kupfer, Kennung "D-19", 35mm	20
2	Musketier (Spanien) 1795 - Messing, Eisen, Kupfer, Kennung "D-20", 35mm	20
3	Musketier (Württemberg) 1795 - Messing, Eisen, Kupfer, Kennung "D-21", 35mm	20
4	Grenadier (Italien) 1805 - Messing, Eisen, Kupfer, Kennung "D-22", 35mm	20
5	Grenadier (Italien) 1810 - Messing, Eisen, Kupfer, Kennung "D-23", 35mm	20
6	Offizier (Sardinien) 1814 - Messing, Eisen, Kupfer, Kennung "D-24", 35mm	20
	** Messing DM 20,-; Eisen DM 50,-*	

Maxi-Figuren

Zu dieser Serie gibt es die Figuren 2, 3 und 5 aus Maxi-Eiern auch in 50 mm Höhe. Preis je Figur DM 50,-.

Samurai 1150 - 1600 — 6 Stück

Nr.	Name - Info	Preis DM
1	Shogun - Eisen, Grünspan, ohne Kennung, 40mm	7
2	Samurai - Eisen, Grünspan, ohne Kennung, 40mm	7
3	Samurai - Eisen, Grünspan, ohne Kennung, 40mm	7
4	Samurai - Eisen, Grünspan, ohne Kennung, 40mm	7
5	Samurai - Eisen, Grünspan, ohne Kennung, 40mm	7
6	Bogenschütze - Eisen, Grünspan, ohne Kennung, 40mm	7
1	Shogun - Messing, Eisen, Kupfer, Kennung "G-37", 35mm	20
2	Samurai - Messing, Eisen, Kupfer, Kennung "G-38", 35mm	20
3	Samurai - Messing, Eisen, Kupfer, Kennung "G-39", 35mm	20
4	Samurai - Messing, Eisen, Kupfer, Kennung "G-40", 35mm	20
5	Samurai - Messing, Eisen, Kupfer, Kennung "G-41", 35mm	20
6	Bogenschütze - Messing, Eisen, Kupfer, Kennung "G-42", 35mm	20

Britisch-Indien um 1900 — 6 Stück

Nr.	Name - Info	Preis DM
1	Offizier (Großbritannien um 1894) - Messing, ohne Kennung, 40mm	8
2	Husar (Großbritannien um 1894) - Messing, ohne Kennung, 40mm	8
3	Indischer Offizier (Britisch Indien 1906) - Messing, ohne Kennung, 40mm	8
4	Gemeiner Soldat (Britisch Indien 1906) - Messing, ohne Kennung, 40mm	8
5	Tempelwächter (Britisch Indien um 1890) - Messing, ohne Kennung, 40mm	8
6	Leibgardist (Siam um 1900) - Messing, ohne Kennung, 40mm	8
1	Offizier (Großbritannien um 1894) - Messing, Eisen, Kupfer, Kennung "H-43", 35mm	20
2	Husar (Großbritannien um 1894) - Messing, Eisen, Kupfer, Kennung "H-44", 35mm	20
3	Indischer Offizier (Britisch Indien 1906) - Messing, Eisen, Kupfer, Kennung "H-45", 35mm	20
4	Gemeiner Soldat (Britisch Indien 1906) - Messing, Eisen, Kupfer, Kennung "H-46", 35mm	20
5	Tempelwächter (Britisch Indien um 1890) - Messing, Eisen, Kupfer, Kennung "H-47", 35mm	20
6	Leibgardist (Siam um 1900) - Messing, Eisen, Kupfer, Kennung "H-48", 35mm	20

Gallier

6 Stück

Nr.	Name - Info	Preis DM
1	Feldzeichenträger - Brüniert, ohne Kennung, 40mm	120
2	Tribun - Brüniert, ohne Kennung, 40mm	120
3	Hornbläser - Brüniert, ohne Kennung, 40mm	120
4	Krieger - Brüniert, ohne Kennung, 40mm	120
5	Krieger - Brüniert, ohne Kennung, 40mm	120
6	Krieger - Brüniert, ohne Kennung, 40mm	120

Figuren aus chinesischen Sagen

6 Stück

Nr.	Name - Info	Preis DM
1	Zhang Shi - Messing, ohne Kennung, 35mm *	60
2	Yang Zhi - Messing, ohne Kennung, 35mm *	60
3	Zhang Shun - Messing, ohne Kennung, 35mm *	60
4	Pan Qiao Yun - Messing, ohne Kennung, 35mm *	60
5	Jiu Tiun Xuan Nü - Messing, ohne Kennung, 35mm *	60
6	Song Jan - Messing, ohne Kennung, 35mm *	60

** Achtung! Neuauflage aus hellerem und glänzenderem Material, je DM 7,-.*

Beipackzettel
DM 1,-

Berühmte Indianer-Häuptlinge

8 Stück

Nr.	Name - Info	Preis DM
1	Tecumseh - Chrom, Eisen, Altsilber, Kennung "Made in Italy", 40mm	*
2	Mato Tope - Chrom, Eisen, Altsilber, Kennung "Made in Italy", 40mm	*
3	Red Cloud - Chrom, Eisen, Altsilber, Kennung "Made in Italy", 40mm	*
4	Crazy Horse - Chrom, Eisen, Altsilber, Kennung "Made in Italy", 40mm	*
5	Lone Wolf - Chrom, Kupfer, Altsilber, Kennung "Made in Italy", 40mm	*
6	Sitting Bull - Chrom, Kupfer, Altsilber, Kennung "Made in Italy", 40mm	*
7	Geronimo - Chrom, Kupfer, Altsilber, Kennung "Made in Italy", 40mm	*
8	Cap Joseph - Chrom, Kupfer, Altsilber, Kennung "Made in Italy", 40mm	*

** Figuren in Chrom DM 5,-; Eisen und Kupfer je DM 20,-; Altsilber DM 40,-*

Beipackzettel DM 10,-

Beipackzettel DM 5,-

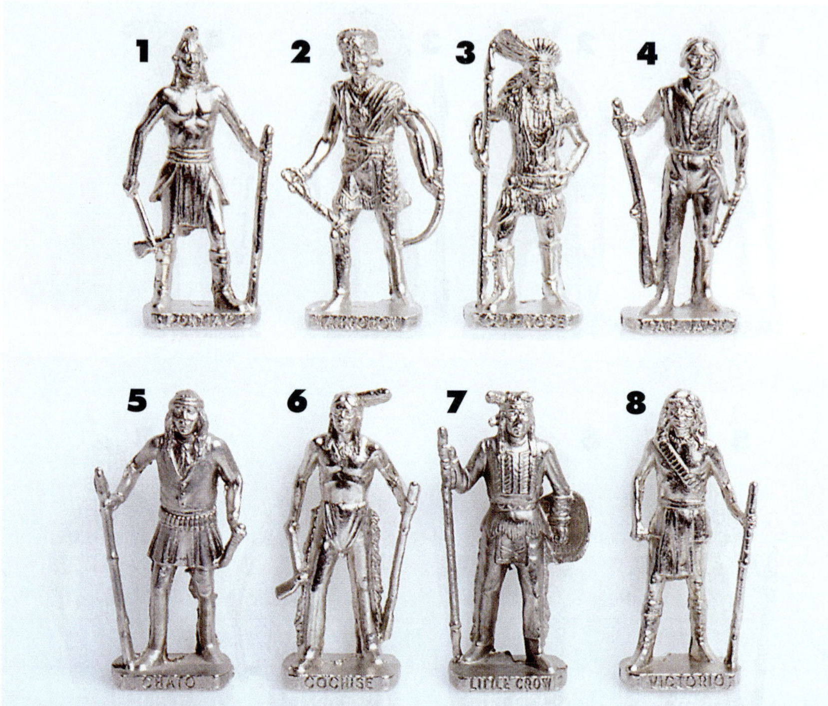

Berühmte Indianer-Häuptlinge II

8 Stück

Nr.	Name - Info	Preis DM
1	Pontiac - Chrom, Alt Brüniert, Gold, Altsilber, Kennung "SCAME", 40mm	*
2	Tahrohon - Chrom, Alt Brüniert, Gold, Altsilber, Kennung "SCAME", 40mm	*
3	Cut Nose - Chrom, Brüniert, Kupfer, Altsilber, Kennung "SCAME", 40mm	*
4	Cap Jack - Chrom, Brüniert, Kupfer, Altsilber, Kennung "SCAME", 40mm	*
5	Chato - Chrom, Brüniert, Kupfer, Altsilber, Kennung "SCAME", 40mm	*
6	Cochise (Cheise) - Chrom, Alt Brüniert, Gold, Altsilber, Kennung "SCAME", 40mm	*
7	Little Crow - Chrom, Alt Brüniert, Gold, Altsilber, Kennung "SCAME", 40mm	*
8	Victorio - Chrom, Brüniert, Kupfer, Altsilber, Kennung "SCAME", 40mm	*

** Chrom, Brüniert und Gold je DM 5,-; Altsilber DM 40,-; Kupfer DM 20,-; Alt Brüniert DM 20,-*

Beipackzettel DM 5,-

Beipackzettel DM 9,-

Beipackzettel DM 6,-

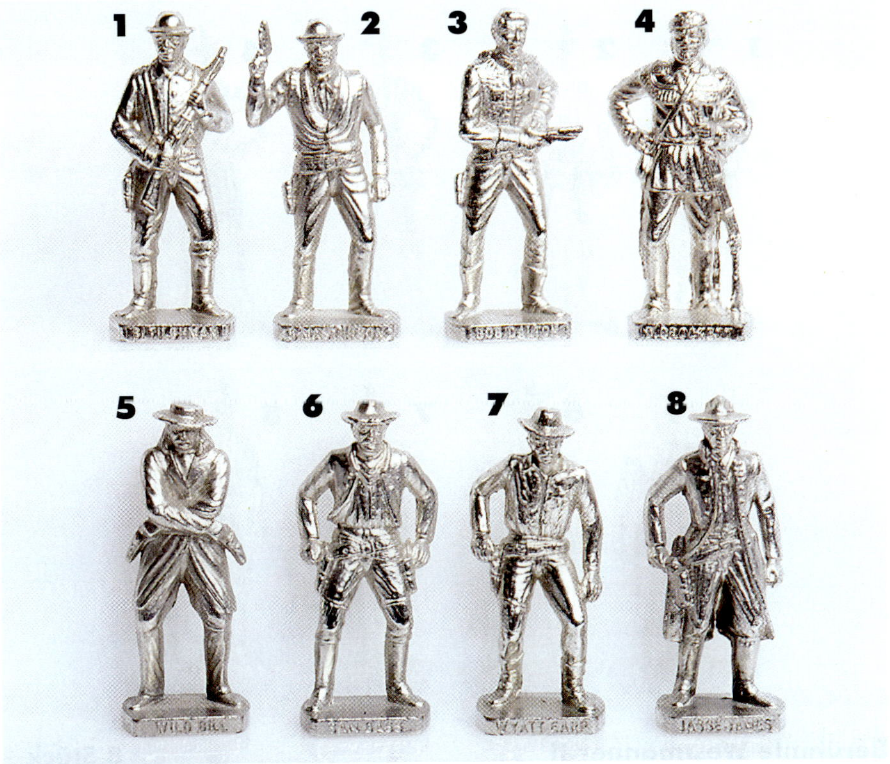

Berühmte Westmänner

8 Stück

Nr.	Name - Info	Preis DM
1	Bill Tilghman - Chrom, Messing, Altsilber, Kennung "Made in Italy", 40mm	*
2	Bad Masterson - Chrom, Messing, Altsilber, Kennung "Made in Italy", 40mm	*
3	Bob Dalton - Chrom, Messing, Altsilber, Kennung "Made in Italy", 40mm	*
4	David Crockett - Chrom, Messing, Altsilber, Kennung "Made in Italy", 40mm	*
5	Wild Bill - Chrom, Alt Brüniert, Altsilber, Kennung "Made in Italy", 40mm	*
6	Samuel Bass - Chrom, Alt Brüniert, Altsilber, Kennung "Made in Italy", 40mm	*
7	Wyatt Earp - Chrom, Alt Brüniert, Altsilber, Kennung "Made in Italy", 40mm	*
8	Jesse James - Chrom, Alt Brüniert, Altsilber, Kennung "Made in Italy", 40mm	*

** Chrom DM 5,-; Alt Brüniert und Messing je DM 20,-; Altsilber DM 40,-*

Beipackzettel DM 8,-

Beipackzettel DM 14,-

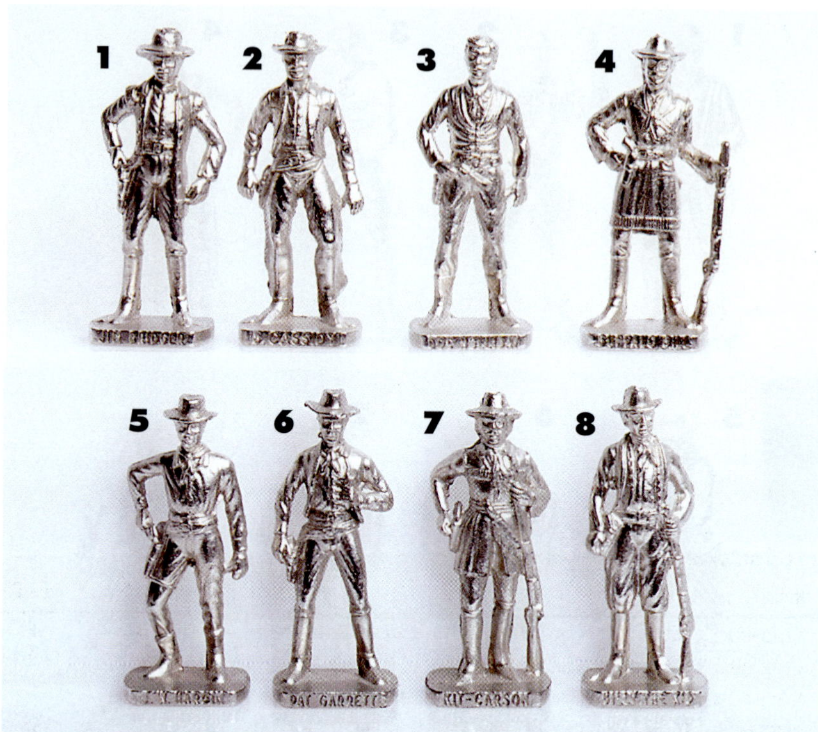

Berühmte Westmänner II **8 Stück**

Nr.	Name - Info	Preis DM
1	Jim Bridger - Chrom, Messing, Gold, Altsilber, Kennung "SCAME", 40mm	*
2	Butch Cassidy - Chrom, Messing, Gold, Altsilber, Kennung "SCAME", 40mm	*
3	Doc Holliday - Chrom, Brüniert, Eisen, Altsilber, Kennung "SCAME", 40mm	*
4	Buffalo Bill - Chrom, Messing, Gold, Altsilber, Kennung "SCAME", 40mm	*
5	John Wesley Hardin - Chrom, Brüniert, Eisen, Altsilber, Kennung "SCAME", 40mm	*
6	Pat Garrett - Chrom, Brüniert, Eisen, Altsilber, Kennung "SCAME", 40mm	*
7	Kid Carson - Chrom, Brüniert, Eisen, Altsilber, Kennung "SCAME", 40mm	*
8	Billy the Kid - Chrom, Messing, Gold, Altsilber, Kennung "SCAME", 40mm	*
	** Chrom, Brüniert und Gold je DM 5,-; Altsilber DM 40,-; Messing und Eisen je 20,-*	

Verschiedene
Beipackzettel
DM 8,-

Französische Musketiere um 1670 — **4 Stück**

Nr.	Name - Info	Preis DM
1	Moschettiere 1 - Kupfer, Kennung "RP 1482 Patent", 40mm	40
2	Moschettiere 2 - Kupfer, Kennung "RP 1482 Patent", 40mm	40
3	Moschettiere 3 - Kupfer, Kennung "RP 1482 Patent", 40mm	40
4	Moschettiere 4 - Kupfer, Kennung "RP 1482 Patent", 40mm	40
1	Musketeer1 - Kupfer, Kennung "SCAME", 40mm	50
2	Musketeer2 - Kupfer, Kennung "SCAME", 40mm	50
3	Musketeer3 - Kupfer, Kennung "SCAME", 40mm	50
4	Musketeer4 - Kupfer, Kennung "SCAME", 40mm	50
1	Musketeer 1 - Gold, Kennung "SCAME", k93n. 135	7
2	Musketeer 2 - Gold, Kennung "SCAME", k93n. 136	7
3	Musketeer 3 - Gold, Kennung "SCAME", k93n. 137	7
4	Musketeer 4 - Gold, Kennung "SCAME, k93n. 138	7

Beipackzettel DM 2,-

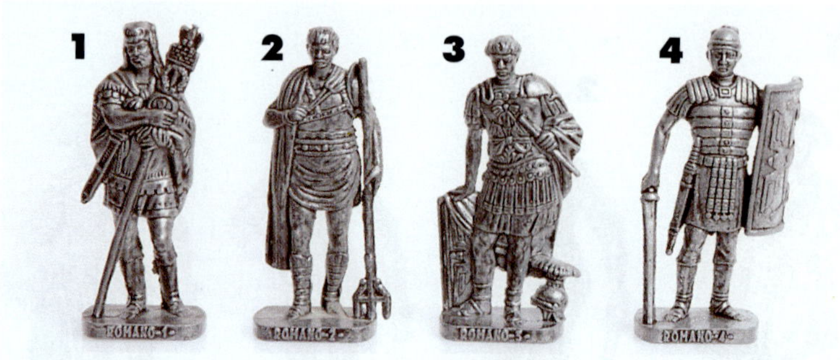

Römer um 100 - 300 n. Chr.

Beipackzettel DM 2,-

4 Stück

Nr.	Name - Info	Preis DM
1	Aquiliferi - Romano 1 - Eisen, Kenn. "RP 1482" *	40
2	Retiarius - Romano 2 - Eisen, Kenn. "RP 1482" *	40
3	Legat - Romano 3 - Eisen, Kenn. "RP 1482" *	40
4	Legionär - Romano 4 - Eisen, Kenn. "RP 1482" *	40
1	Aquiliferi - Roman 1 - Brüniert, Kennung "SCAME" oder Kupfer, Kennung "k93.n 123"	**
2	Retiarius - Roman 2 - Brüniert, Kennung "SCAME" oder Kupfer, Kennung "k93.n 124"	**
3	Legat - Roman 3 - Brüniert, Kennung "SCAME" oder Kupfer, Kennung "k93.n 125"	**
4	Legionär - Roman 4 - Brüniert, Kennung "SCAME" oder Kupfer, Kennung "k93.n 126"	**

** Auch in Eisen mit Kennung "SCAME" DM 50,- / ** Brüniert DM 5,-; Kupfer DM 10,-*

Japanische Samurai um 1600

Beipackzettel DM 2,-

4 Stück

Nr.	Name - Info	Preis DM
1	Samurai 1 - Messing, Kennung "RP 1482 Patent" *	40
2	Samurai 2 - Messing, Kennung "RP 1482 Patent" *	40
3	Samurai 3 - Messing, Kennung "RP 1482 Patent" *	40
4	Samurai 4 - Messing, Kennung "RP 1482 Patent" *	40
1	Samurai 1 - Brüniert, Kennung "SCAME" oder Kupfer, Gold, Kennung "k93n. 139"	**
2	Samurai 2 - Brüniert, Kennung "SCAME" oder Kupfer, Gold, Kennung "k93n. 140"	**
3	Samurai 3 - Brüniert, Kennung "SCAME" oder Kupfer, Gold, Kennung "k93n. 141"	**
4	Samurai 4 - Brüniert, Kennung "SCAME" oder Kupfer, Gold, Kennung "k93n. 142"	**

** Auch in Messing mit Kennung "SCAME" DM 50,- / ** Brüniert DM 5,-; Gold und Kupfer je DM 10,-*

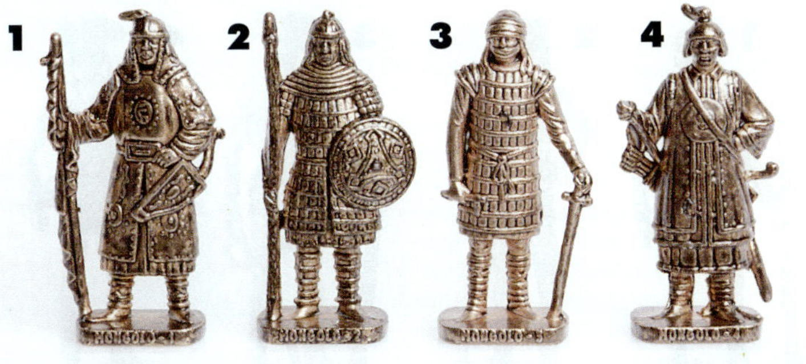

Mongolen um 1600

4 Stück

Nr.	Name - Info	Preis DM
1	Mongole - Mongolo 1 - Kupfer, Silber, Kennung "RP 1482"	*
2	Mongole - Mongolo 2 - Kupfer, Silber, Kennung "RP 1482"	*
3	Mongole - Mongolo 3 - Kupfer, Silber, Kennung "RP 1482"	*
4	Mongole - Mongolo 4 - Kupfer, Silber, Kennung "RP 1482"	*
1	Mongole - Mongolist 1 - Kupfer, Kennung "SCAME"	50
2	Mongole - Mongolist 2 - Kupfer, Kennung "SCAME"	50
3	Mongole - Mongolist 3 - Kupfer, Kennung "SCAME"	50
4	Mongole - Mongolist 4 - Kupfer, Kennung "SCAME"	50

** Kupfer DM 40,-; Silber DM 90,-*

Incas (100 - 1500 n. Chr.)

4 Stück

Nr.	Name - Info	Preis DM
1	Inka - Incas 1 - Eisen, Messing, Altsilber, Kennung "RP 1482"	*
2	Inka - Incas 2 - Eisen, Messing, Altsilber, Kennung "RP 1482"	*
3	Inka - Incas 3 - Eisen, Messing, Altsilber, Kennung "RP 1482"	*
4	Inka - Incas 4 - Eisen, Messing, Altsilber, Kennung "RP 1482"	*
1	Inka - Incas No. 1 - Messing, Kennung "SCAME"	50
2	Inka - Incas No. 2 - Messing, Kennung "SCAME"	50
3	Inka - Incas No. 3 - Messing, Kennung "SCAME"	50
4	Inka - Incas No. 4 - Messing, Kennung "SCAME"	50

** Eisen DM 100,-; Messing DM 40,-; Altsilber DM 80,-*

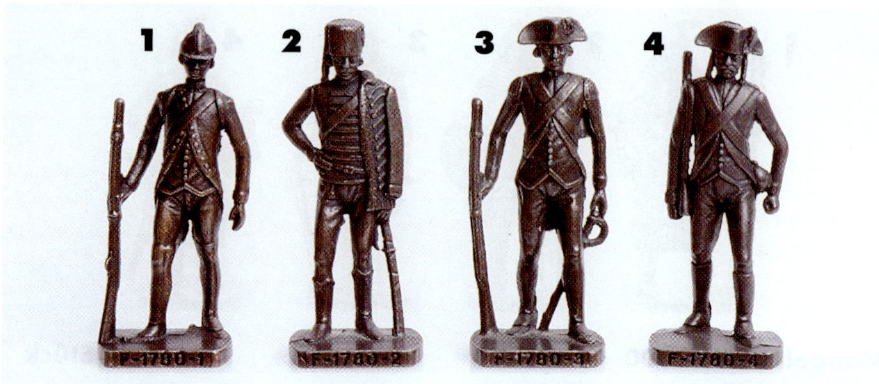

Frankreich um 1780 **4 Stück**

Nr.	Name - Info	Preis DM
1	Füsilier - Eisen, Messing, Brüniert, Kupfer, Kennung "F 1780-1" und "SCAME", 40mm	40
2	Husarenoffizier - Eisen, Messing, Brüniert, Kupfer, Kennung "F 1780-2" und "SCAME", 40mm	40
3	Grenadier - Eisen, Messing, Brüniert, Kupfer, Kennung "F 1780-3" und "SCAME", 40mm	40
4	Grenadier - Eisen, Messing, Brüniert, Kupfer, Kennung "F 1780-4" und "SCAME", 40mm	40

Großbritannien um 1770 **4 Stück**

Nr.	Name - Info	Preis DM
1	Sergeantmajor - Eisen, Kupfer, Kennung "GB 1776" und "SCAME", 40mm	40
2	Second Lieutenant - Eisen, Kupfer, Kennung "GB 1778" und "SCAME", 40mm	40
3	Musketeer - Eisen, Kupfer, Kennung "GB 1777" und "SCAME", 40mm	40
4	Commissioned Officer - Eisen, Kupfer, Kennung "GB 1783" und "SCAME", 40mm	40

USA

4 Stück

Nr.	Name - Info	Preis DM
1	Korporal - Messing, Kupfer, Eisen, Brüniert, Kennung "USA - 1780-2", 40mm	40
2	Offizier - Messing, Kupfer, Eisen, Brüniert, Kennung "USA - 1778-2", 40mm	40
3	Musketier - Messing, Kupfer, Eisen, Brüniert, Kennung "USA-1777", 40mm	40
4	Soldat - Messing, Kupfer, Eisen, Brüniert, Kennung "USA - 1781", 40mm	40

USA 1780

4 Stück

Nr.	Name - Info	Preis DM
1	Trommler - Messing, Kupfer, Eisen, Brüniert, Kennung "USA - 1780-1", 40mm	40
2	Soldat - Messing, Kupfer, Eisen, Brüniert, Kennung "USA - 1778-1", 40mm	40
3	Soldat - Messing, Kupfer, Eisen, Brüniert, Kennung "USA - 1780-3", 40mm	40
4	Offizier - Messing, Kupfer, Eisen, Brüniert, Kennung "USA - 1776", 40mm	40

USA Nordstaaten um 1861

4 Stück

Nr.	Name - Info	Preis DM
1	Hauptmann - Nordista 1 - Altsilber, Brüniert, Kennung "RP 1482", 40mm	*
2	Sergeant - Nordista 2 - Altsilber, Brüniert, Kennung "RP 1482", 40mm	*
3	Infanterist - Nordista 3 - Altsilber, Brüniert, Kennung "RP 1482", 40mm	*
4	Infanterist - Nordista 4 - Altsilber, Brüniert, Kennung "RP 1482", 40mm	*
1	Hauptmann - Unionist 1 - Brüniert, Kennung "SCAME", 40mm	100
2	Sergeant - Unionist 2 - Brüniert, Kennung "SCAME", 40mm	100
3	Infanterist - Unionist 3 - Brüniert, Kennung "SCAME", 40mm	100
4	Infanterist - Unionist 4 - Brüniert, Kennung "SCAME", 40mm	100

** Altsilber DM 80,-; Brüniert DM 50,-*

USA Südstaaten um 1862

4 Stück

Nr.	Name - Info	Preis DM
1	Reiter - Sudista 1 - Altsilber, Eisen, Kennung "RP 1482", 40mm	*
2	Leutnant - Sudista 2 - Altsilber, Eisen, Kennung "RP 1482", 40mm	*
3	Soldat - Sudista 3 - Altsilber, Eisen, Kennung "RP 1482", 40mm	*
4	Soldat - Sudista 4 - Altsilber, Eisen, Kennung "RP 1482", 40mm	*
1	Reiter - Confederate 1 - Eisen, Kennung "SCAME", 40mm	80
2	Leutnant - Confederate 2 - Eisen, Kennung "SCAME", 40mm	80
3	Soldat - Confederate 3 - Eisen, Kennung "SCAME", 40mm	80
4	Soldat - Confederate 4 - Eisen, Kennung "SCAME", 40mm	80

** Altsilber DM 80,-; Eisen DM 50,-*

Indianer

4 Stück

Nr.	Name - Info	Preis DM
1	Indianer 1 - Brüniert, Kupfer	*
2	Indianer 2 - Brüniert, Kupfer	*
3	Indianer 3 - Brüniert, Kupfer	*
4	Indianer 4 - Brüniert, Kupfer	*
	** Brüniert DM 50,-; Kupfer DM 60,-*	

Cowboys

4 Stück

Nr.	Name - Info	Preis DM
1	Cowboy 1 - Brüniert, Kupfer	*
2	Cowboy 2 - Brüniert, Kupfer	*
3	Cowboy 3 - Brüniert, Kupfer	*
4	Cowboy 4 - Brüniert, Variante mit langem Gewehr	150
a	Cowboy 5 - Brüniert, Kupfer,Variante mit kurzem Gewehr	*
	** Brüniert DM 50,-; Kupfer DM 60,-*	

Ballettänzerinnen

4 Stück

Nr.	Name - Info	Preis DM
1	Ballettänzerin 1 - Brüniert, Kupfer	100
2	Ballettänzerin 2 - Brüniert, Kupfer	100
3	Ballettänzerin 3 - Brüniert, Kupfer	100
4	Ballettänzerin 4 - Brüniert, Kupfer	100

Clown-Miniaturen

6 Stück

Nr.	Name - Info	Preis DM
1	Rudolfo - Messing, Eisen	*
2	Otto - Messing, Eisen	*
3	Tino - Messing, Eisen	*
4	Pippo - Messing, Eisen	*
5	Willi - Messing, Eisen	*
6	Max - Messing, Eisen	*
	** Messing DM 20,-; Eisen DM 50,-*	

Beipackzettel DM 20,-

Zwerge

6 Stück

Nr.	Name - Info	Preis DM
1	Zwerg 1 - Silber	70
2	Zwerg 2 - Silber	70
3	Zwerg 3 - Silber	70
4	Zwerg 4 - Silber	70
5	Zwerg 5 - Silber	70
6	Zwerg 6 - Silber	70

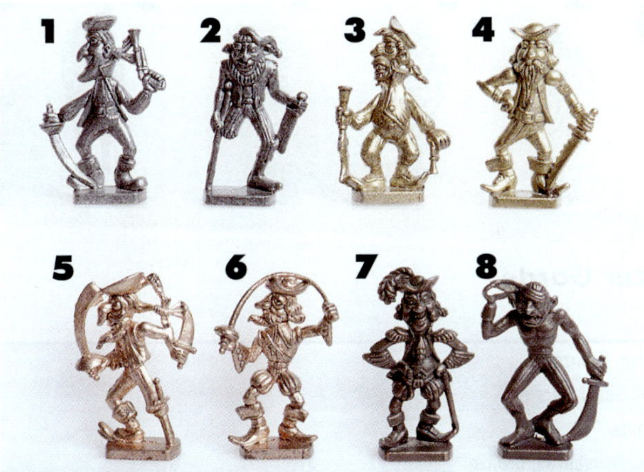

Piraten

8 Stück

Nr.	Name - Info	Preis DM
1	Pirat 1 - Eisen	80
2	Pirat 2 - Eisen	80
3	Pirat 3 - Messing	80
4	Pirat 4 - Messing	80
5	Pirat 5 - Kupfer	80
6	Pirat 6 - Kupfer	80
7	Pirat 7 - Brüniert	80
8	Pirat 8 - Brüniert	80

Fingerhut-Miniaturen Berufe

6 Stück

Nr.	Name - Info	Preis DM
1	Automechaniker - Eisen, ohne Kennung, 40mm	10
2	Eisenbahner - Eisen, ohne Kennung, 40mm	10
3	Kaminfeger - Eisen, ohne Kennung, 40mm	10
4	Polizist - Eisen, ohne Kennung, 40mm	10
5	Bauarbeiter - Eisen, ohne Kennung, 40mm	10
6	Feuerwehrmann - Eisen, ohne Kennung, 40mm	10

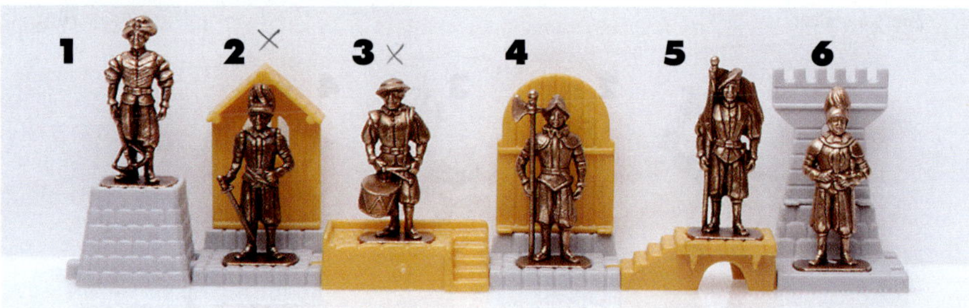

Die Schweizer Garde

6 Stück

Nr.	Name - Info	Preis DM
1	Armbrustschütze, Bronze *	5
2	Wachsoldat mit Säbel, Bronze *	5
3	Trommler, Bronze *	5
4	Wachsoldat mit Hellebarde, Bronze *	5
5	Fahnenträger, Bronze *	5
6	Offizier, Bronze *	5

** Neuauflage für Deutschland in Silber mit Kunststoffteilen in Aubergine und Dunkelgrau.*

Beipackzettel Ausland DM 2,-

Beipackzettel Deutschland DM 1,-

Hunnen

4 Stück

Nr.	Name - Info	Preis DM
1	Hunne 1 - Hun 1	5
2	Hunne 2 - Hun 2	5
3	Hunne 3 - Hun 3	5
4	Hunne 4 - Hun 4	5

Beipackzettel DM 5,-

USA Nordstaaten

6 Stück

Nr.	Name - Info	Preis DM
1	Hauptmann	100
2	Sergeant	100
3	Infanterist	100
4	Infanterist	100
5	Sergeant	100
6	Infanterist	100

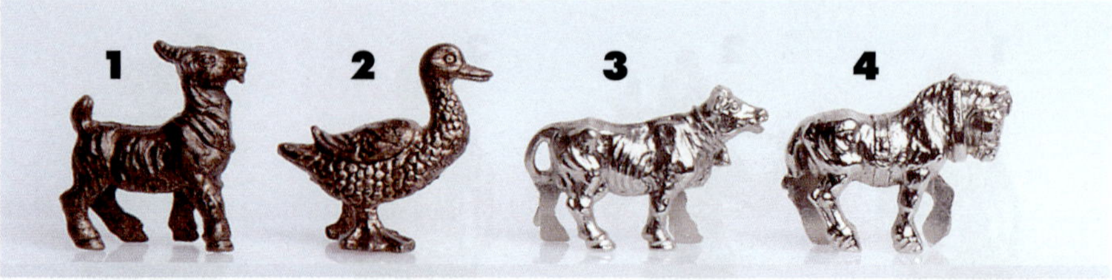

Haustiere

4 Stück

Nr.	Name - Info	Preis DM
1	Ziege - Chrom, Kupfer, Kennung "GIODI"	*
2	Ente - Chrom, Kupfer, Kennung "GIODI"	*
3	Kuh - Chrom, Kupfer, Kennung "GIODI"	*
4	Pferd - Chrom, Kupfer, Kennung "GIODI"	*
	** Chrom DM 10,-; Kupfer DM 40,-*	

Wildtiere

4 Stück

Nr.	Name - Info	Preis DM
1	Elefant - Chrom, Kupfer, Kennung "GIODI"	*
2	Zebra - Chrom, Kupfer, Kennung "GIODI"	*
3	Tiger - Chrom, Kupfer, Kennung "GIODI"	*
4	Nashorn - Chrom, Kupfer, Kennung "GIODI"	*
	** Chrom DM 10,-; Kupfer DM 40,-*	

Tiere

4 Stück

Nr.	Name - Info	Preis DM
1	Strauß - Brüniert, ohne Kennung	120
2	Schildkröte - Brüniert, ohne Kennung	90
3	Hund - Brüniert, ohne Kennung	120
4	Löwe - Brüniert, ohne Kennung	90

Kugeltiere

4 Stück 1987

Nr.	Name - Info	Preis DM
1	Schwein	13
2	Hase	13
3	Bär	13
4	Elefant	13

Beipackzettel DM 15,-

Svitatelli

10 Stück 1994

Nr.	Name - Info	Preis DM
1	Dino Elefantino	8
2	Etta Scimmietta	8
3	Uzzo Struzzo	8
4	Ippopasticcio	8
5	Rino Calpesta	8
6	Vera Biancaenera	8
7	Pardogagliardo	8
8	Bufalo Bol	8
9	Coccobrillo	8
10	Leofifone	8

Beipackzettel DM 8,-

Bunte Kugelvögel

6 Stück 1995

Nr.	Name - Info	Preis DM
1	Geier	2
2	Hahn	2
3	Sperling	2
4	Tukan	2
5	Eule	2
6	Adler	2

Beipackzettel DM 1,-

Typen zum Kugeln

4 Stück 1996

Nr. Name - Info	Preis DM
Ottilie Rotschopf	2
Otto Grabgern	2
Elvira Eitel	2
Hans Doppelhorn	2

Beipackzettel DM 1,-

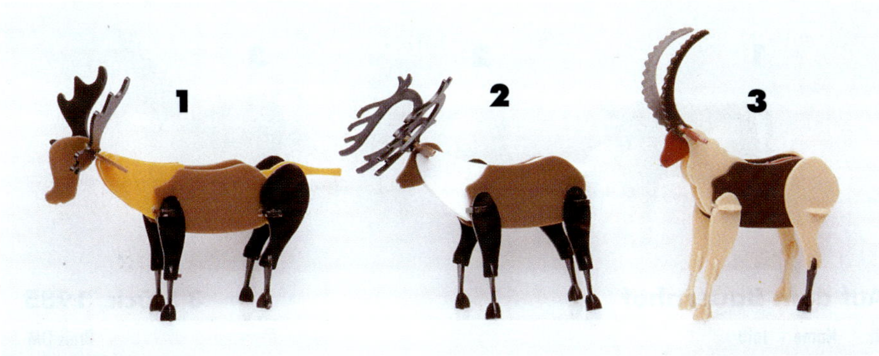

Stecktiere

4 Stück 1980

Nr.	Name - Info	Preis DM
1	Elch	90
2	Rentier	90
3	Steinbock	90
4	Esel (ohne Abbildung)	90

Beipackzettel DM 60,-

Zirkus Oasis

5 Stück 1985

Nr.	Name - Info	Preis DM
1	Löwe mit Hocker	230
2	Nashorn	60
3	Elefant mit Korb	200
4	Kamel mit Säcken	130
5	Giraffe	50

Beipackzettel DM 70,-

Auf dem Bauernhof

3 Stück 1985

Nr.	Name - Info	Preis DM
1	Kuh	40
2	Widder	40
3	Esel	40

Beipackzettel DM 40,-

Tiere des Waldes

5 Stück 1986

Nr.	Name - Info	Preis DM
1	Reh	28
2	Hirsch	40
a	Farbvariante	40
3	Bär	23
4	Wildschwein	23
5	Elch	40

Beipackzettel DM 40,-

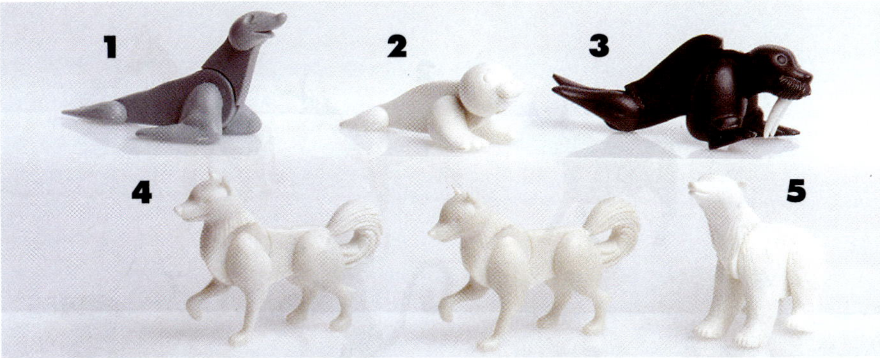

Tiere im ewigen Eis

5 Stück 1987

Nr.	Name - Info	Preis DM
1	Seehund	20
2	Seehund-Baby	20
3	Walroß	25
4	Eskimohund - 2 Farbvarianten	20
5	Eisbär	20

Beipackzettel DM 40,-

Tiere der Arena

6 Stück 1988

Nr.	Name - Info	Preis DM
1	Django der Panther	40
2	Pascha der Löwe	40
3	Benito das Pferd	30
a	Farbvariante	30
4	Gonzo der Gorilla	40
5	Shahib der Elefant	50

Beipackzettel DM 40,-

Tiere Afrikas

7 Stück 1989

Nr.	Name - Info	Preis DM
1	Büffel	20
2	Gazelle	17
3	Giraffe	18
4	Löwin	15
5	Nilpferd	15
6	Affe	15
7	Löwe	15

Beipackzettel DM 18,-

Tiere Afrikas

5 Stück 1990

Nr.	Name - Info	Preis DM
1	Zebra	20
2	Strauß	18
3	Dromedar	15
4	Nashorn	15
5	Elefant	40

Beipackzettel DM 15,-

Tiere Nordamerikas — 5 Stück 1991

Nr.	Name - Info	Preis DM
1	Biber	11
2	Adler sitzend	20
3	Adler fliegend	23
4	Stinktier	13
5	Luchs	11

Beipackzettel DM 13,-

Tiere Amerikas — 8 Stück 1992

Nr.	Name - Info	Preis DM
1	Bison	10
2	Waschbär	10
3	Geier sitzend	13
4	Geier fliegend	13
5	Lama	10
6	Bär mit geschlossenem Maul	10
7	Bär mit geöffnetem Maul	10
8	Elch	10

Beipackzettel DM 10,-

Am Polarmeer

7 Stück 1994

Nr.	Name - Info	Preis DM
1	Eisbär-Baby mit geöffnetem Maul	4
2	Eisbär	4
3	Eisbär-Baby mit geschlossenem Maul	4
4	Walroß	4
5	Robbe	4
6	Robben-Baby	4
7	Seelöwe	4

Beipackzettel DM 3,-

Tiere der Wildnis

6 Stück 1995

Nr.	Name - Info	Preis DM
1	Nashorn	3
2	Nilpferd	3
3	Gorilla	3
4	Giraffe	3
5	Löwe	3
6	Löwin	3

Beipackzettel DM 1,-

Tiere der Wildnis

4 Stück 1993

Nr.	Name - Info	Preis DM
1	Giraffe	5
2	Strauß	5
3	Löwe	5
4	Gepard	5

Beipackzettel DM 2,-

Tiere auf dem Bauernhof

6 Stück 1995

Nr.	Name - Info	Preis DM
1	Schaf und Lamm	3
2	Hase und Junges	3
3	Schwein und Ferkel	3
4	Hund und Welpen	3
5	Katze und Junges	3
6	Huhn und Küken	3

Beipackzettel DM 1,-

Der lustige Circus

4 Stück 1987

Nr.	Name - Info	Preis DM
1	Clown	20
2	Chinese	20
a	Farbvariante	20
3	Katze	20
4	Bär	20

Beipackzettel DM 25,-

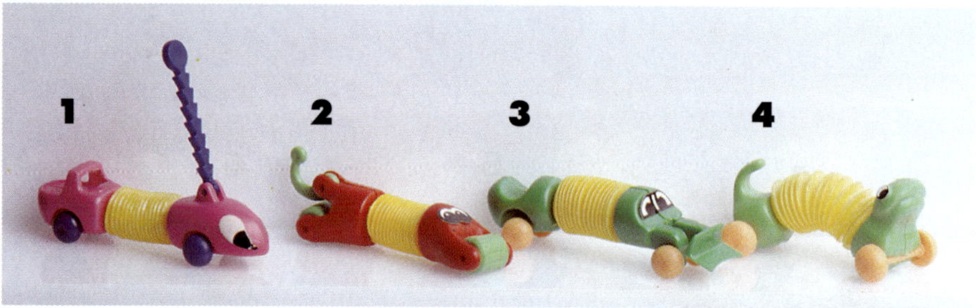

Wurmlinge

4 Stück 1988

Nr.	Name - Info	Preis DM
1	Fühlerbuggy	18
2	Walzendogge	18
3	Schaufelwurm	18
4	Buckelechse	18

Beipackzettel DM 15,-

Die Faltenbalgbande

4 Stück 1989

Nr.	Name - Info	Preis DM
1	Biene	18
2	Stelzi	18
3	Nessi	18
4	Knuffi	18

Beipackzettel DM 15,-

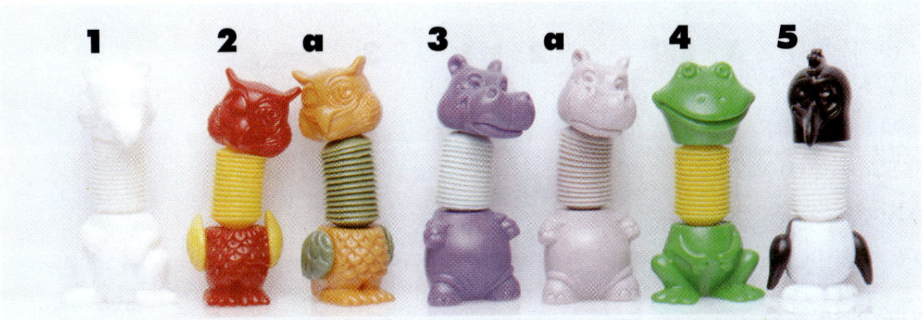

Balgtiere

5 Stück 1990

Nr.	Name - Info	Preis DM
1	Bär	10
2	Eule	10
3	Nilpferd	10
4	Frosch	10
5	Pinguin	10
a	Farbvarianten	10

Verschiedene Beipackzettel je DM 8,-

Drachenbande

5 Stück 1991

Nr.	Name - Info	Preis DM
1	Einhorn	5
2	Willi und Wulli	5
3	Flugdrachen	5
4	Pfiffi	5
5	Fips	5
a	Farbvarianten	5

Beipackzettel DM 6,-

Drei Freunde vom Mars

3 Stück 1992

Nr.	Name - Info	Preis DM
1	Julia	4
2	Romeo	4
3	Carly Kid	4

Beipackzettel DM 4,-

Die Drei Balginis

3 Stück 1993

Nr.	Name - Info	Preis DM
1	Pico Balgini	3
2	Paco Balgini	3
3	Peppo Balgini	3

Beipackzettel DM 3,-

Urwaldbälger

5 Stück 1994

Nr.	Name - Info	Preis DM
1	Klara Ausblick 1 (lachend)	2
2	Paula Plappergei	2
3	Lora Langhals	2
4	Hugo Balgodil	2
5	Klara Ausblick 2 (ernst)	2

Beipackzettel DM 2,-

Space Balge 2000

4 Stück 1995

Nr.	Name - Info	Preis DM
1	Radar	2
2	Mechanik	2
3	Hulk	2
4	Space	2

Beipackzettel DM 1,-

Beipackzettel DM 1,-

Zu dieser Serie lag bei Redaktionsschluß nur der Beipackzettel vor.

Zorg Parade

5 Stück 1996

Nr.	Name - Info	Preis DM
1	Vorg	2
2	Dorg	2
3	Lorg	2
4	Gorg	2
5	* "?org"	2

** Der Name war bei Redaktionsschluß unbekannt.*

alle

Balgtiere

4 Stück 1994

Nr.	Name - Info	Preis DM
1	Schwan (ohne Abbildung)	5
2	Strauß	5
3	Giraffe	5
4	Kamel	5

Beipackzettel DM 3,-

Manege frei fürs Figuren Puzzle

3 Stück 1982

Nr.	Name - Info	Preis DM
1	Pferd	30
2	Affe	30
3	Clown	30
a	Farbvarianten	30

Beipackzettel DM 20,-

Tierpuzzle

2 Stück 1983/93

Nr.	Name - Info	Preis DM
1	Tintenfisch Erstauflage	20
2	Tintenfisch Erstauflage	20
3	Tintenfisch Erstauflage	20
4	Tintenfisch Neuauflage, auch invertierte Farben	5
5	Hunde Erstauflage, auch invertierte Farben	20
6	Hunde Erstauflage	20
7	Hunde Neuauflage	5
8	Hunde Neuauflage	5

Beipackzettel alt je DM 20,-

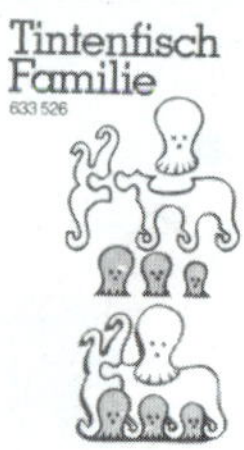

Beipackzettel neu je DM 5,-

Sportlerpuzzle

1 Stück 1988

Nr.	Name - Info	Preis DM
1	Junge	20
a	Farbvariante	20

Beipackzettel DM 20,-

Variable Tierpuzzles

7 Stück 1988

Nr.	Name - Info	Preis DM
1	Elefant 1	15
2	Elefant 2	15
3	Strauß 1	15
4	Strauß 2	15
5	Schildkröte 1	15
6	Schildkröte 2	15
7	Fisch	15

Beipackzettel DM 18,-

Buntes Blumen Puzzle

4 Stück 1988/93

Nr.	Name - Info	Preis DM
1	Edelweiß	10
2	Rose	10
3	Sonnenblume	10
4	Tulpe	10

Beipackzettel neu DM 5,-

Beipackzettel alt DM 15,-

Wir puzzlen einen Baum

3 Stück 1988/93

Nr.	Name - Info	Preis DM
1	Apfelbaum 1	10
2	Apfelbaum 2	10
3	Apfelbaum 3	10
a	Farbvarianten	10

Beipackzettel
alt je DM 10,-

Beipackzettel
neu je DM 5,-

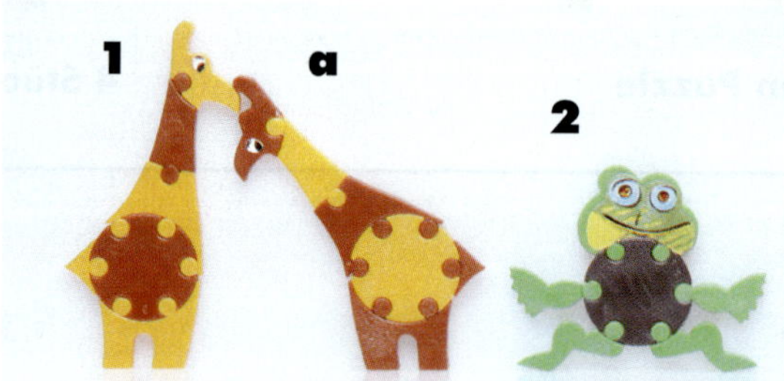

Variable Tierpuzzles

2 Stück 1988

Nr.	Name - Info	Preis DM
1	Giraffe	10
a	Farbvariante	10
2	Frosch	8

Beipackzettel DM 8,-

Bäume Puzzle

3 Stück 1989

Nr.	Name - Info	Preis DM
1	Tanne mit Vogel	20
2	Tanne mit Eichhörnchen	20
3	Tanne mit Eule	20

Beipackzettel
je DM 10,-

CE Ferrero, Frankfurt/M.
© Ferrero 1989

Robbenbabies

4 Stück 1989

Nr.	Name - Info	Preis DM
1	Robbenbaby 1	15
2	Robbenbaby 2	15
3	Robbenbaby 3	15
4	Robbenbaby 4	15

Beipackzettel DM 15,-

Blumen am Feldrain

5 Stück 1989

Nr.	Name - Info	Preis DM
1	Löwenzahn	13
2	Pusteplume	13
3	Mohnblume - Steckbarer Käfer	18
4	Kornblume	13
5	Korn - Steckbarer Käfer	18
a	Farbvarianten	

C€ Ferrero, Frankfurt/M.
© Ferrero 1989

Beipackzettel
je DM 10,-

Kaktus

1 Stück 1989

Nr.	Name - Info	Preis DM
1	Kaktus	13
a	Farbvariante	13

C€ Ferrero, Frankfurt/M.
© Ferrero 1989

Beipackzettel
je DM 10,-

Ferieninsel

8 Stück 1990

Nr.	Name - Info	Preis DM
1	Flamingo	12
2	Palme 1	12
3	Totem	12
4	Palme 2	12
5	Turkan	12
6	Surfer	12
7	Delphin	12
8	Seemöwe mit Fisch	12
a	Farbvarianten	12

Beipackzettel DM 15,-

Eulen

4 Stück 1990

Nr.	Name - Info	Preis DM
1	Eule 1 - gelbe Eihälfte gehört zur Figur	13
2	Eule 2 - gelbe Eihälfte gehört zur Figur	13
3	Eule 3 - gelbe Eihälfte gehört zur Figur	13
4	Eule 4 - gelbe Eihälfte gehört zur Figur	13

Beipackzettel DM 10,-

Auf dem Hühnerhof

2 Stück 1991

Nr.	Name - Info	Preis DM
1	Hahn mit Küken	15
2	Henne mit Küken	15

Beipackzettel DM 15,-

Tiere auf dem Bauernhof

9 Stück 1991

Nr.	Name - Info	Preis DM
1	Kalb	10
2	Katze	10
3	Entenküken	10
4	Truthahn	10
5	Hund (ohne Abb.)	50
6	Schaf (ohne Abb.)	50
7	Schweinchen (ohne Abb.)	50
8	Schwein (ohne Abb.)	50

Beipackzettel je DM 10,-

Dorfteich Puzzle

9 Stück 1991

Nr.	Name - Info	Preis DM
1	Frosch und Schilf	10
2	Maulwurf	10
3	Biber	10
4	Schmetterling	10
5	Schnecke	10
6	Ente	10
7	Entenmutter	10
8	Frosch mit Seerose	10
9	Schwan und Goldfische	10

Beipackzettel DM 5,-

Das bunte Dschungel Puzzle

10 Stück 1992

Nr.	Name - Info	Preis DM
1	Elefant Puzzle 1	5
2	Schlange Puzzle	5
3	Vogel Puzzle	5
4	Nashorn Puzzle	5
5	Affe - Warzenschein Puzzle	5
6	Elefant Puzzle 2	5
7	Hippo Puzzle	5
8	Löwen Puzzle	5
9	Gorilla Puzzle	5
10	Panther Puzzle	5

Beipackzettel DM 3,-

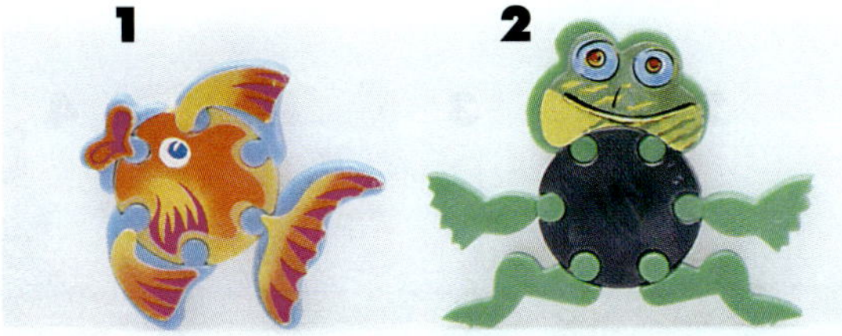

Variable Tierpuzzles

2 Stück 1993

Nr.	Name - Info	Preis DM
1	Fisch	8
2	Frosch	8

Beipackzettel DM 8,-

Das Meerespuzzle

8 Stück 1993

Nr.	Name - Info	Preis DM
1	Delphin Puzzle	5
2	Schildkröten Puzzle	5
3	Wal Puzzle	5
4	Seehund Puzzle	5
5	Krabben Puzzle	5
6	Seepferdchen Puzzle	5
7	Korallenfisch Puzzle	5
8	Hai Puzzle	5

Beipackzettel DM 2,-

Freunde ... wie wir

11 Stück 1994

Nr.	Name - Info	Preis DM
1	Schmacko & Fatz	3
2	Carlos & die Luftikusse	3
3	Schnalz & die Rasselbande	3
4	Miez & Pieps	3
5	Pinky & Porky	3
6	Molly & Pike	3
7	Wastl & Mimi	3
8	Minny & Marlo	3
9	Gori Di & Do	3
10	Jum & Bo	3
11	Brummi & Quiek	3
a	Farbvarianten	3

Beipackzettelvariante
mit Astgabel

Beipackzettel je DM 2,-

1 2 3 4

a

Buntes Bäume Puzzle

4 Stück 1994

Nr.	Name - Info	Preis DM
1	Katzenbaum	3
2	Igelbaum	3
3	Eulenbaum	3
4	Eichhörnchenbaum	3
a	Farbvarianten	3

Beipackzettel DM 2,-

1 a

Die Bremer Stadtmusikanten

1 Stück 1995

Nr.	Name - Info	Preis DM
1	Die Bremer Stadtmusikanten	2
a	Farbvarianten	2

Beipackzettel DM 1,-

Alltagsszenen aus der Urzeit

8 Stück 1995

Nr.	Name - Info	Preis DM
1	Flucht vor Klein-Dino	2
2	Dino und Saurus	2
3	Spass auf der Dinorutschbahn	2
4	Unser neuer Wagen	2
5	Dino-Kinderstunde	2
6	Haustierfütterung	2
7	Familienausritt	2
8	Mammut-Reitschule	2

Beipackzettel DM 1,-

Faszinierendes Afrika-Puzzle

7 Stück 1995

Nr.	Name - Info	Preis DM
1	Panther	2
2	Giraffe und Äffchen	2
3	Schmetterling und Vogel	2
4	Zwei Affen	2
5	Elefant und Affe	2
6	Tukan und Löwin	2
7	Chamäleon und Paradiesvogel	2

Beipackzettel DM 1,-

1

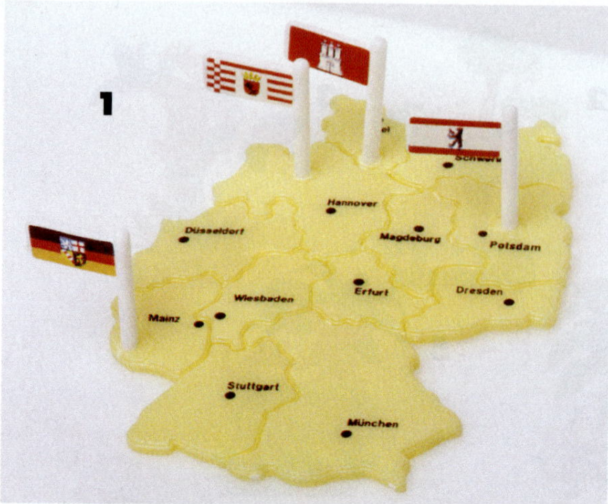

Beipackzettel DM 2,-

Deutschland-Puzzle

1 Stück 1996

Nr.	Name - Info	Preis DM
1	Deutschland-Puzzle	5

Beipackzettel DM 1,-

Zu dieser Serie lag bei Redaktionsschluß nur der Beipackzettel vor.

Street Life in Mainhattan

12 Stück 1996

Nr.	Name - Info	Preis DM
1	Ökomobil	2
2	Lieder im Park	2
3	Skateboard *	2
4	Freunde und Helfer	2
5	Steetball	2
6	Summer in the City	2
7	Schickeria	2
8	Katzenmusik Unplugged	2
9	Roller *	2
10	Dancing in the Streets	2
11	Käse-Gang	2
12	Laternen Love Story	2

** Die Namen dieser Puzzels waren bei Redaktionsschluß unbekannt.*

Ferieninsel

4 Stück 1995

Nr.	Name - Info	Prois DM
1	Flamingo	5
2	Schnecke	5
3	Pelikan	5
4	Palme	5

Beipackzettel DM 3,-

Vögel Puzzles

4 Stück 1996

Nr.	Name - Info	Preis DM
1	Vogel 1	2
2	Vogel 2	2
3	Vogel 3	2
4	Vogel 4	2

Beipackzettel DM 1,-

Verschiedene Tierfiguren

4 Stück

Nr.	Name - Info	Preis DM
1	Jumbo, der starke Elefant aus Afrika	40
2	Rhino, das Nashorn	40
3	Frosiline, die Pinguinin mit ihrem Kind	40
4	Jumbus, der Mammut	40

Beipackzettel je DM 30,-

Figuren aus aller Welt

4 Stück 1976

Nr.	Name - Info	Preis DM
1	Cheng Wong, der Mandarin von Kanton	50
2	Blumenkönigin Rosi	50
3	Starker Bär, Häuptling der Falken	50
4	Pirrot, der Star der Manege (ohne Abbildung)	50

Figuren mit Holzkörper

6 Stück 1978

Nr.	Name - Info	Preis DM
1	Fritz	50
2	Tommy	50
3	Pedro	50
4	Tonny	50
5	Vanya	50
6	Gaston	50

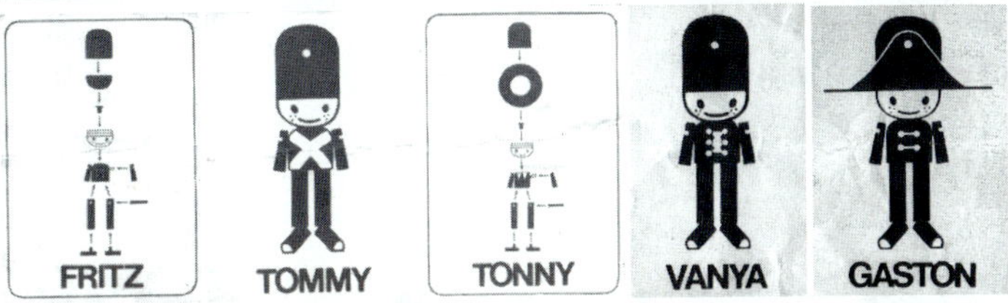

Beipackzettel
je DM 40,-

Figuren mit Holzbeinen

4 Stück 1979

Nr.	Name - Info	Preis DM
1	Pancho, der Clown	40
2	Häger, der Wickinger	40
3	Elvis, der Gitarrist	40
4	Ringo, der Trommler	40
a	Farbvariante	40

Beipackzettel
je DM 30,-

Lustige Figuren

6 Stück 1980

Nr.	Name - Info	Preis DM
1	Ueli, der Koch	50
2	Hans, der Briefträger	50
3	Sepp, der Bergsteiger	50
4	Willi, der Wanderer	50
5	Pino, der Clown (ohne Abbildung)	50
6	Hubertus, der Förster (ohne Abbildung)	50

Sportler

5 Stück 1983

Nr.	Name - Info	Preis DM
1	Skateboardfahrer	30
2	Schlittschuhläufer	30
3	Skifahrer	30
4	Rollschuhfahrerin	30
5	Schlittenfahrer	30

Super-Dackel

2 Stück 1985

Nr.	Name - Info	Preis DM
1	Wastl	30
2	Waldi	30

Beipackzettel je DM 40,-

Lustige Bärchen

3 Stück 1986

Nr.	Name - Info	Preis DM
1	Koalabär	30
2	Pandabär	30
3	Waschbär	30

Beipackzettel DM 20,-

Zeit der Saurier

2 Stück 1986

Nr.	Name - Info	Preis DM
1	T-Rex	40
2	Triceratops	60
a	Farbvariante	40

Verschiedene Beipack-
zettel je DM 40,-

Dinosaurier

3 Stück 1986

Nr.	Name - Info	Preis DM
1	Dino, der Riesen-Saurier	40
2	Knacksitos, der Urweltsaurier	40
3	Ignazius, der Saurier (ohne Abbildung)	40

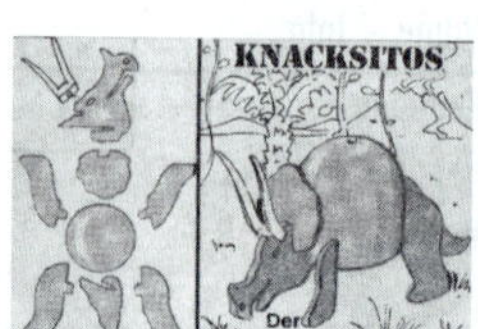

Verschiedene Beipackzettel je DM 40,-

Fallschirmspringer

3 Stück 1986-88

Nr.	Name - Info	Preis DM
1	Ferdinand, der Fallschirmspringer	30
2	Die flotte Charlotte	30
3	Florian, der Held der Lüfte	30
a	Farbvariante	30

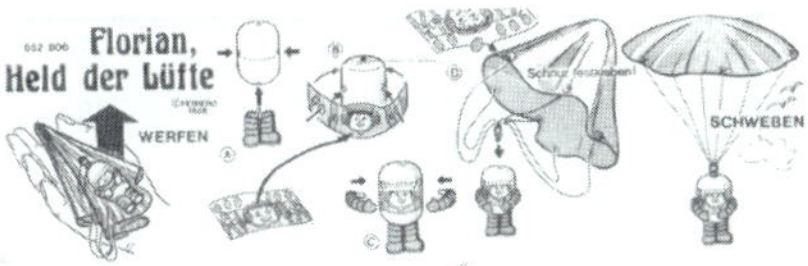

Verschiedene Beipackzettel je DM 40,-

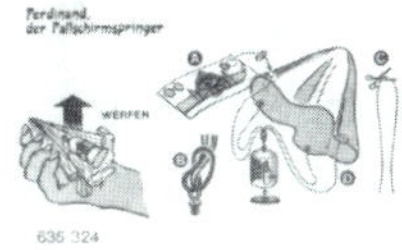

Verschiedene Hohlkörperfiguren

6 Stück 1986

Nr.	Name - Info	Preis DM
1	Verkehrspolizist aus Paris	40
2	Buschmann 1	30
3	Buschmann 2	30
4	Schwan	40
5	Vogel Strauß	40
6	Charly, das Zielwurf-Känguroo	30

Beipackzettel je DM 30,-

Fritz und Fridolin

2 Stück 1987

Nr.	Name - Info	Preis DM
1	Fridolin	25
2	Fritz	25

Beipackzettel DM 20,-

Die Pingo Baby's

4 Stück 1987

Nr.	Name - Info	Preis DM
1	Pauli	15
2	Benni	15
3	Betty	15
4	Bobby	15

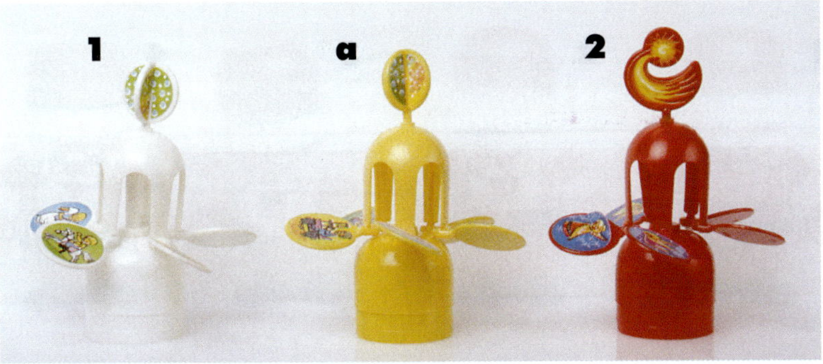

Blasekarussell

2 Stück 1988

Nr.	Name - Info	Preis DM
1	Blasekarussell	30
a	Farbvariante	30
2	Blasekarussell	30

World Champions

4 Stück 1988

Nr.	Name - Info	Preis DM
1	Champion 1	20
2	Champion 2	20
3	Champion 3	20
4	Champion 4	20

Beipackzettel DM 30,-

Weihnachtsmänner

4 Stück 1988

Nr.	Name - Info	Preis DM
1	Weihnachtsmann 1	25
2	Weihnachtsmann 2	25
3	Weihnachtsmann 3	25
4	Weihnachtsmann 4	25

Beipackzettel DM 20,-

Kräuterliesel und Kräutersepp

2 Stück 1988

Nr.	Name - Info	Preis DM
1	Sepp	25
2	Liesel	25

Die Eulenfamilie

4 Stück 1989

Nr.	Name - Info	Preis DM
1	Eule Esmeralda	15
2	Eule Emil	15
3	Eule Eddi	15
4	Eule Elli	15

Die Indianer - Kinder vom Bärenfluß

4 Stück 1989

Nr.	Name - Info	Preis DM
1	Starker Bär	20
2	Schneller Hirsch	20
3	Häuptling Schlauer Fuchs	20
4	Medizinmann Büffelhorn	20

Beipackzettel DM 15,-

Badewannen Spaß

4 Stück 1990

Nr.	Name - Info	Preis DM
1	Seebär	28
2	Pirat	17
3	Seemann	17
4	Fisch mit Mütze	17

Beipackzettel DM 13,-

Schnorchi der Schnorchelfisch

1 Stück 1990

Nr.	Name - Info	Preis DM
1	Schnorchi	25

Beipackzettel DM 10,-

Bunte Eulen

4 Stück 1991

Nr.	Name - Info	Preis DM
1	Eule Esmeralda	30
2	Eule Emil	30
3	Eule Eddi	30
4	Eule Elli	30

Beipackzettel DM 25,-

Aktion Willi

1 Stück 1991

Nr.	Name - Info	Preis DM
1	Aktion Willi	10
a	Farbvariante	10

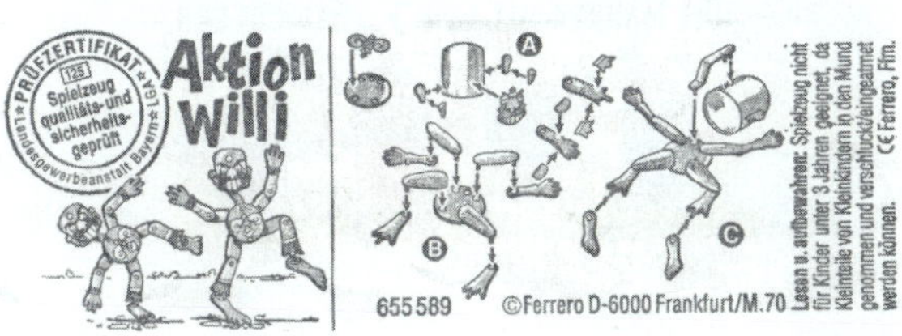

Beipackzettel DM 10,-

Beipackzettel
DM 5,-

Zu dieser Serie lag bei Redaktionsschluß nur der Beipackzettel vor.

Fantasia-Kraken 3 Stück 1991

Nr.	Name - Info	Preis DM
1	Krake 1	10
2	Krake 2	10
3	Krake 3	10

Die Männer mit den 3 Gesichtern 4 Stück 1995

Nr.	Name - Info	Preis DM
1	Beppo Plattfisch	3
2	Henry Schlagfest	3
3	Qualmene Feder	3
4	Balduin Rostfrei	3

Beipackzettel DM 1,-

Elefanten Spardosen

3 Stück 1988

Nr.	Name - Info	Preis DM
1	Elefant mit Taschentuch	23
2	Elefant mit Blume	23
3	Elefant mit Herz	23

Beipackzettel DM 15,-

Affen Spardosen

4 Stück 1989

Nr.	Name - Info	Preis DM
1	Affe 1	15
2	Affe 2	15
3	Affe 3	15
4	Affe 4	15

Beipackzettel DM 13,-

Tier Spardosen

3 Stück 1990

Nr.	Name - Info	Preis DM
1	Spar Kroko	15
2	Sparbär	15
3	Spar Kuh	15

Beipackzettel DM 15,-

Lustige Sparschweinchen

6 Stück 1991

Nr.	Name - Info	Preis DM
1	Lambada Lilly	12
2	Money Piggy	12
3	Bongo King	12
4	Flöten Friedel	12
5	Saxophon Sepp	12
6	Banjo Billy	12

Beipackzettel DM 10,-

Geier Spardosen

4 Stück 1992

Nr.	Name - Info	Preis DM
1	Pfennig Fuchser	10
2	Money Michel	10
3	Pleiten Paule	10
4	Groschen Gerda	10

Beipackzettel DM 5,-

Zwergen Spardosen

3 Stück 1993

Nr.	Name - Info	Preis DM
1	Zwerg	4
2	Zwerg mit Lampe	4
3	Zwerg mit Groschen	4

Beipackzettel DM 2,-

Pingo Spardosen

4 Stück 1994

Nr.	Name - Info		Preis DM
1	Money Maker		3
2	Pingo Banker	Beipackzettel	3
3	Penny Pingo	DM 2,-	3
4	Sir Mc Money		3

Lustige Clown - Spardosen

3 Stück 1996

Nr.	Name - Info		Preis DM
1	Clown Antonio		3
2	Clown Alfredo	Beipackzettel	3
3	Clown Alberto	DM 2,-	3

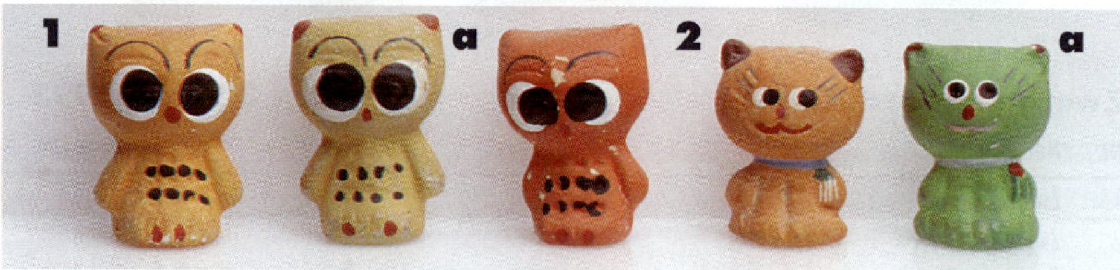

Tonfiguren

2 Stück

Nr.	Name - Info	Preis DM
1	Eule	15
2	Kätzchen	15
a	Farbvarianten	15

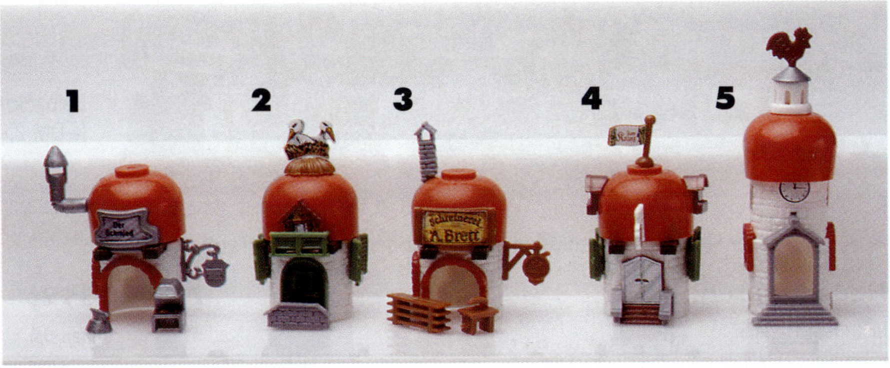

Rund um den Dorfplatz

5 Stück 1994

Nr.	Name - Info	Preis DM
1	Schmiede	4
2	Bauernhaus	4
3	Schreinerei	4
4	Gasthaus	4
5	Kirchturm	4

Beipackzettel DM 2,-

Unser kleines Dorf

5 Stück 1995

Nr.	Name - Info	Preis DM
1	Kapelle	3
2	Schule	3
3	Mühle	3
4	Forsthaus	3
5	Café (ohne Abbildung)	3

Beipackzettel DM 2,-

Beipackzettel
je DM 2,-

Zu dieser Serie lag bei Redaktionsschluß nur der Beipackzettel vor.

Neuenhausen — 7 Stück 1996

Nr.	Name - Info	Preis DM
1	Fitness - Center *	3
2	Privathaus *(Name war bei Redaktionsschluß unbekannt)* *	3
3	Bike - Shop *	3
4	Kindergarten *	3
5	Postamt *	3
6	Snackbar *	3
7	Schwimmbad *	3

* *Alle Häuser in zwei Versionen: mit Dach aus Klarsichtmaterial oder rot gefärbtem Kunststoff.*

Geduldsspiele

Geduldsspiele

32 Stück 1975-95

Nr.	Name - Info	Preis DM
1	Kugel-Trick-Spiel (Aufkleber Sternschnuppe)	10
2	Kugel-Trick-Spiel (Aufkleber Saturn)	10
3	Weltraum Rückseite Fußball	10
4	Berg- und Talbahn	10
5	Berg- und Talbahn	10
6	Frau mit Kettennase	10
7	Junge mit Kettennase	10
8	Steinbock	10
9	U-Boot Rückseite: Tennis	10
10	Kugelschleuder	10
11	Kugel-Ziel-Spiel	10
12	Taschen-Minigolf-Spiel	10
13	Fangbaum	10
14	Mädchen Rückseite: Maus	10
15	Würfelroultte	10
16	Würfelkreisel	10
17	Weltraumkreisel	10
18	Kugelwippe, Clown 1	10
19	Kugelwippe, Clown 2	10
20	Kugelwippe, Clown 3	10
21	Pinguin	10
22	Wal mit Fisch	10
23	WEule	10
24	Bleistiftspitzer	10
25	Papagei auf Stange	10
26	Hantel auf Stange	10
27	Fangbaum mit 3 Kugeln	10
28	Labyrinth 1, Senkrecht	10
29	Labyrinth 2, Senkrecht	10
30	Labyrinth 3, Waagrecht	10
31	Scheibendrehspiel	10
32	Magnetspiel	10

Aus dem Ei?!

Leider ist nicht alles aus dem Ei, was so aussieht. Es gibt viele kleine Spielsachen und Figuren aus den verschiedensten Quellen, z.B. Kaugummiautomaten. Eine verläßliche Information, ob ein Objekt im Ferrero-Ei war, ist kaum zu bekommen, lediglich Beipackzettel mit originaler Ferrero-Kennung und Werbematerialien wie Poster oder Displays bringen Licht ins Dunkel. Die Beipackzettel aus der Frühzeit der Eier haben allerdings häufig keine Ferrero-Kennung, nur Aufmachung, Papier und Format geben Hinweise auf den Hersteller. Ein sicheres Mittel um viele Objekte von vorneherein auszuschließen, ist der Test mit der gelben Ü-Ei-Kapsel: paßt ein Objekt nicht in die gelbe Kapsel, ist es mit Sicherheit nicht im Ei gewesen. Aber Achtung: Steckfiguren und Ähnliches sind im Ei zerlegt untergebracht. Hier kann es durchaus sein, daß die zusammengebaute Figur größer als das Ei ist.
Fazit: Lieber ein zweifelhaftes Objekt stehenlassen, als einen zu hohen Preis dafür bezahlen!

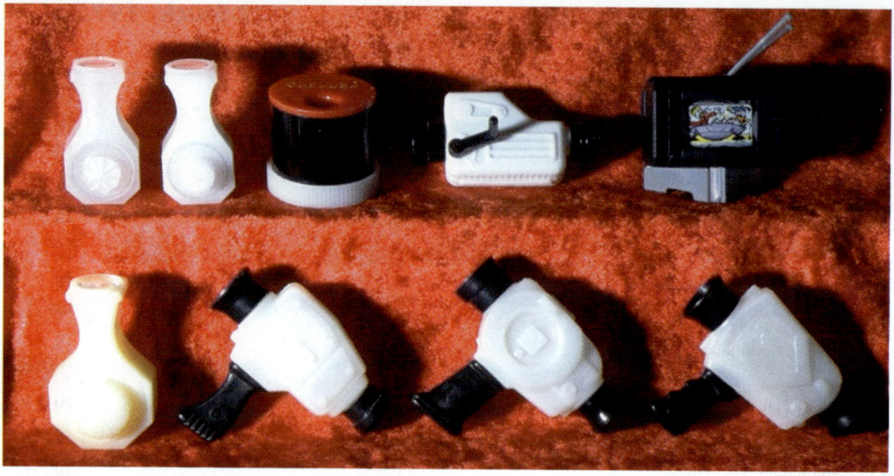

Filmrolle mit Celluloid-Streifen — 6 Stück

Nr.	Name - Info	Preis DM
1	Asterix	40
2	Asterix	70
3	Goofy's Sportparade	90
4	Robin Hood	70
5	Robin Hood	70
6	Fix und Foxi	90

Guckkasten mit Celluloid-Streifen — Beipackzettel DM 10,- — 2 Stück

Nr.	Name - Info	Preis DM
1	Bernhard und Bianca	50
2	Bernhard und Bianca	50
1	Tapsie Törtel - SOS am Wasserfall	40
2	Happy Hippos - Der Eisheilige	40

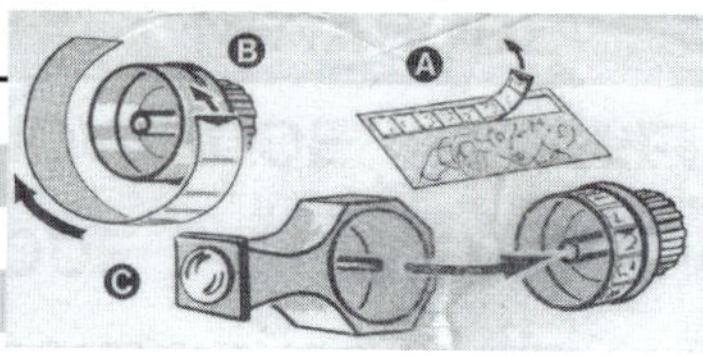

Kamera mit Kurbel u. Papierbild-Streifen (je 10 Bilder) — 19 Stück

Nr.	Name - Info	Preis DM
1	Tapsie Törtel im Eiland	30
2	Pink Panther als Angler	30
3	Pink Panther als Plakatkleber	30
4	Pink Panther als Seifenbläser	30
5	Pink Panther als Zauberer	30
6	Schlumpf als Träumer	30
7	Schlumpf mit Vogelfedern	30
8	Schlumpf im Schnee	30
9	Schlumpf als Angler	30
10	Asterix, Obelix und Idefix	30

Beipackzettel DM 10,-

11	Asterix, Obelix und Falbala	30
12	Asterix und Cleopatra	30
13	Asterix, Cäsar und Abraracoursix	30
14	Happi Hippos im Fitness-Fieber - Brummer Beppo	30
15	Happi Hippos im Fitness-Fieber -Sauna Sepp	30
16	Die Kroko Schule	30
17	Daniel Düsentrieb	30
18	Micky Maus	30
19	Donald Duck mit Tick, Trick und Track	30

Kamera mit Papierbild-Streifen (je 8 Bilder) — 15 Stück

Nr.	Name - Info	Preis DM
1	Donald Duck fährt Auto	30
2	Doanld Duck als Maler	30
3	Donald Duck im Garten	30
4	Donald und Daisy fahren Auto	30
5	Donald und Daisy fahren Schlittschuh	30
6	Tom und Jerry mit Gewehr	30
7	Tom und Jerry im Cirkus	30
8	Tom und Jerry im Sessel	30
9	Tom und Jerry im Zoo	30
10	Micky Maus geht zum Auto	30
11	Micky Maus und Goofy beim Angeln	30
12	Micky Maus und Goofy beim Schießen	30
13	Onkel Dagobert geht spazieren	30
14	Horatius beim Hobeln	30
15	Das Ei im Weltraum	30

Fernseher (je 6 Bilder) — 13 Stück

Nr.	Name - Info	Preis DM
1	Micky und Minni Maus	30
2	Micky Maus verfolgt Kater Carlo	30
3	Kater Carlo	30
4	Donald Duck und Onkel Dagobert	30
5	Asterix, Obelix und Idefix	30
6	Asterix, Obelix und Falbala	30
7	Asterix und Cleopatra	30
8	Asterix, Cäsar und Abraracoursix	30
9	Donald Dick und Daniel Düsentrieb	30
10	Zwerge	25
11	Zwerge	25
12	Feuerstein	25
13	Feuerstein	25

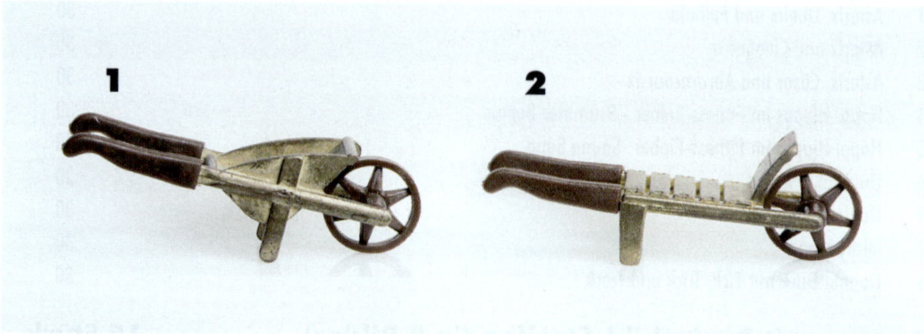

Transportmittel

2 Stück

Nr.	Name - Info	Preis DM
1	Schubkarre	20
2	Sackkarre	20

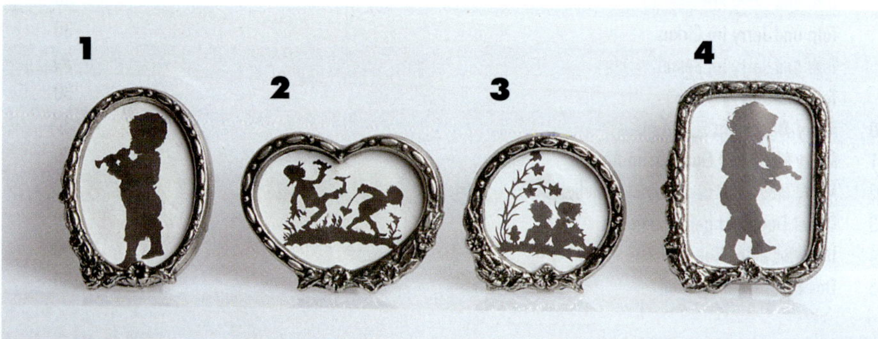

Miniatur-Metallrahmen

4 Stück 1988

Nr.	Name - Info	Preis DM
1	Ovaler Rahmen - Silber	10
2	Herz Rahmen - Silber	10
3	Runder Rahmen - Silber	10
4	Eckiger Rahmen - Silber	10

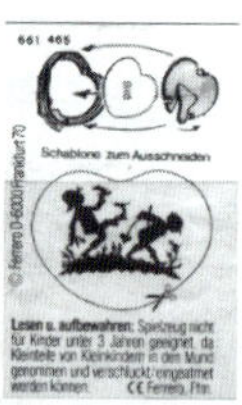

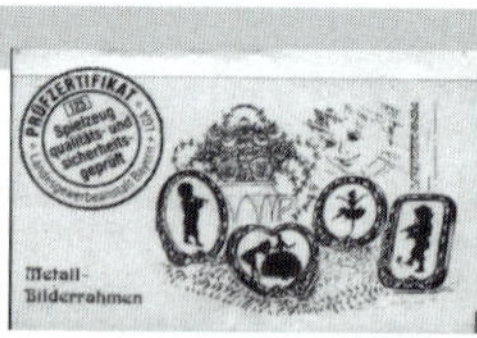

Verschiedene Beipackzettel je DM 8,-

Gefäße und Geschirr

16 Stück

Nr.	Name - Info	Preis DM
1	Kanne - Brüniert	13
2	Topf mit Deckel - Eisen/Brüniert	13
3	Kastenform - Eisen/Brüniert	13
4	Topf mit Deckel - Eisen/Messing	13
5	Gugelhupfform - Eisen/Brüniert	13
6	Krug - Messing	13
7	Bank - Messing	13
8	Frankfurter Kranzform - Eisen/Brüniert	13
9	Leuchter - Silber	13
10	Teller - Brüniert	13
11	Karaffe - Brüniert	13
12	Gläser - Messing	13
13	Tablett - Silber	13
14	Kelch - Messing	13
15	Tisch - Brüniert	13
16	Tiegel - Eisen	13

Rezeptvorschlag

"Kinderüberraschungstorte"
von: Gisella Holzner, Ellwanger Strasse 65, 73441 Oberdorf/Inn

Zutaten: 4 Becher Sahne
250g Kinderüberraschungsschokolade
3-schichtigen dunklen Tortenboden

Sahne unter ständigem Rühren zusammen mit der Schokolade zum Kochen bringen. Abkühlen lassen. Über Nacht in den Kühlschrank stellen. Masse mit dem Handrührgerät steifschlagen und auf dem 3-schichtigen Boden verteilen. Je nach Belieben verzieren.

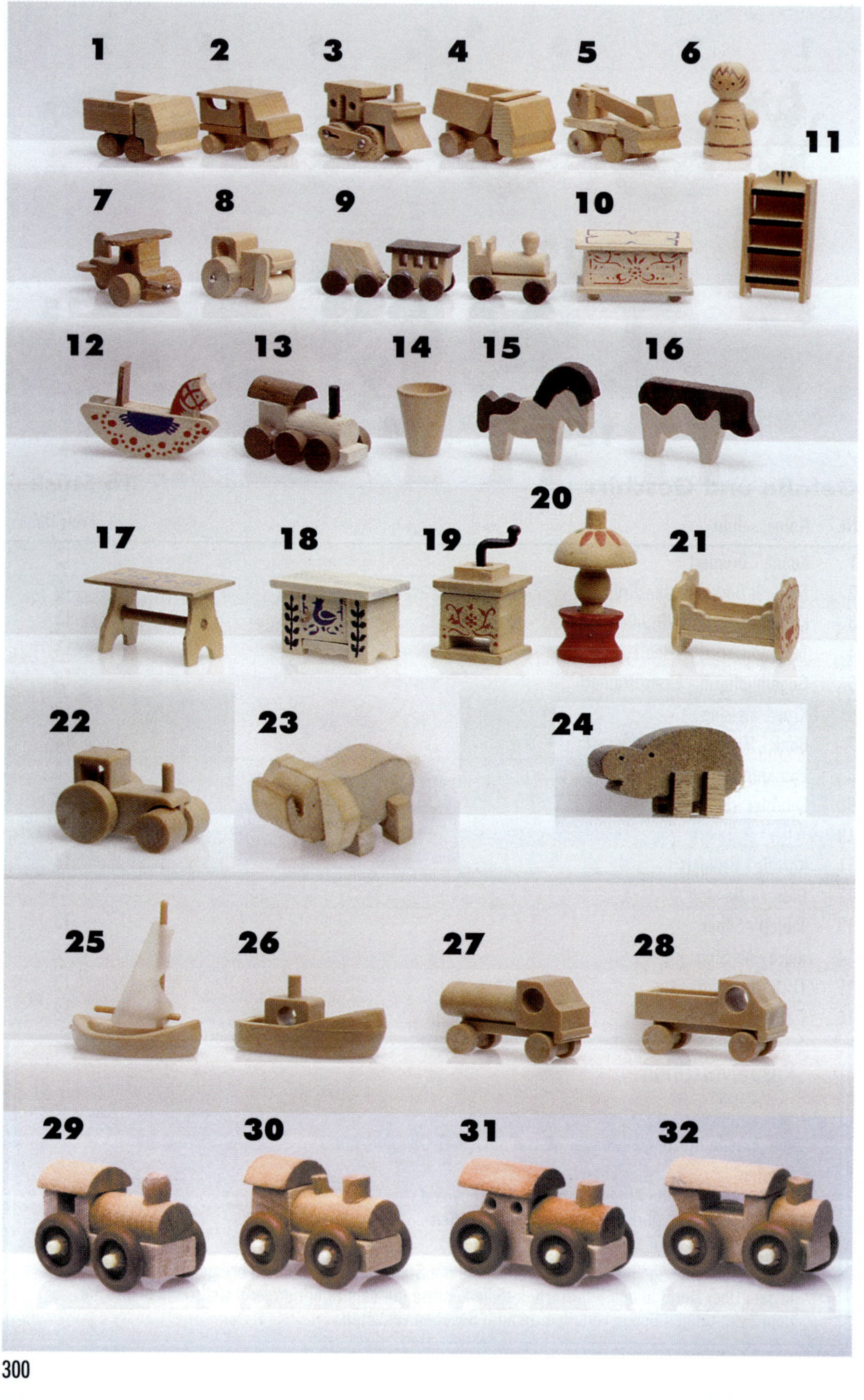
1
2
3
4
5
6
7
8
9
10
11
12
13
14
15
16
17
18
19
20
21
22
23
24
25
26
27
28
29
30
31
32

Holzspielzeug

28 Stück

Nr.	Name - Info	Preis DM
1	Lastwagen	18
2	Lastwagen	18
3	Eisenbahn	18
4	Kipplaster	18
5	Kranwagen	18
6	Holzfigur	18
7	Flugzeug	18
8	Walze	18
9	Eisenbahn	18
10	Truhe	18
11	Regal	18
12	Schaukolpferd	18
13	Zug	18
14	Becher	18
15	Pferd	18
16	Kuh	18
17	Tisch	18
18	Schrank	18
19	Kaffemühle	18
20	Lampe	18
21	Kinderwiege	18
22	Walze (Holzimitat)	18
23	Elefant	18
24	Nilpferd	20
25	Segelschiff (Holzimitat)	18
26	Schiff (Holzimitat)	18
27	Tankwagen (Holzimitat)	18
28	Pritschenwagen (Holzimitat)	18

Holzlokomotiven

4 Stück

Nr.	Name - Info	Preis DM
29	Lokomotive 1	2
30	Lokomotive 2	2
31	Lokomotive 3	2
32	Lokomotive 4	2

Beipackzettel DM 1,-

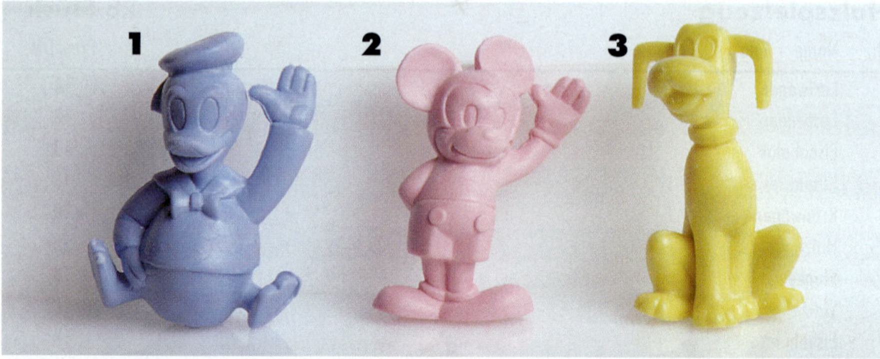

Disney-Radierer

3 Stück

Nr.	Name - Info	Preis DM
1	Donald	40
2	Mickey	40
3	Pluto	40

Beipackzettel DM 30,-

Mini Spielwelten

6 Stück

Nr.	Name - Info	Preis DM
1	Dschungelhütte mit Booten	5
2	Segelschiff am Leuchtturm	5
3	Berghütte	5
4	Westernlok am Wigwam	5
5	Westernrange mit Kutsche	5
6	Zelt vor Oase	5

Handspielpuppen

6 Stück 1988

Nr.	Name - Info	Preis DM
1	Gretel	25
2	Kasper	25
3	Hexe	25
4	Polizist	25
5	Krokodil	25
6	Teufel	25

Beipackzettel DM 15,-

1 a 2

Kanonen

2 Stück

Nr.	Name - Info	Preis DM
1	Kanone	11
a	Farbvariante	11
2	Kanone	11

Lustige Farbstiftbehälter

4 Stück

Nr.	Name - Info	Preis DM
1	Hase	3
2	Sehund	3
3	Pinguin	3
4	Pinguin	3

Beipackzettel DM 2,-

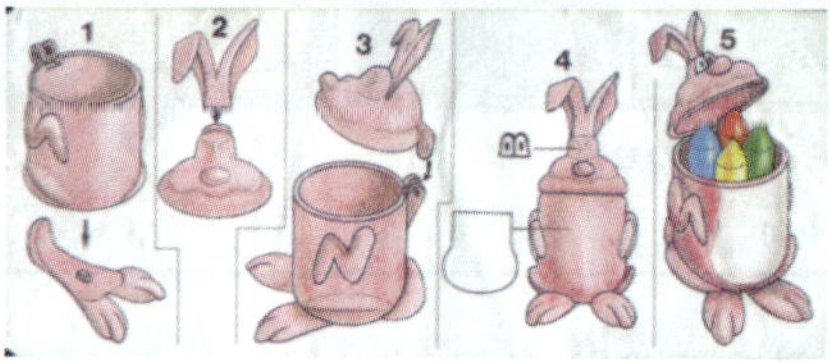

Malstiftbehälter

3 Stück

Nr.	Name - Info	Preis DM
1	Die Burg	4
2	Die Kirche	4
3	Die Burg	4

Tierische Malstiftbehälter

4 Stück 1993

Nr.	Name - Info	Preis DM
1	Elefant	3
2	Löwe	3
3	Walroß	3
4	Gorilla	3

Beipackzettel DM 1,-

Malstiftbehälter

4 Stück 1994

Nr.	Name - Info	Preis DM
1	Krokodil	3
2	Bär	3
3	Frosch	3
4	Maus	3

Beipackzettel DM 2,-

Der bunte Zeichenzoo

4 Stück

Nr.	Name - Info	Preis DM
1	Frosch	3
2	Rabe	3
3	Krokodil	3
4	Tukan	3

Verschiedene Malstiftbehälter

4 Stück

Nr.	Name - Info	Preis DM
1	Henne mit Küken	3
2	Leuchtturm	3
3	Haus	3
4	Biene	3

Bleistiftschmetterlinge

4 Stück 1988/93

Nr.	Name - Info	Preis DM
1	Schmetterling 1	3
2	Schmetterling 2	3
3	Schmetterling 3	3
4	Schmetterling 4	3

Rezeptvorschlag

"Schoko-Kuchen"
von: Eva-Maria Brakhage,Wilhelm-Lembruck-Strasse 16, 22115 Hamburg
Zutaten für den Rührteig: 250g Zucker, 250g Sanella, 2 Tüten Vanillinzucker, 4 Eier, 500g Mehl, 1 Tüte Backpulver, ca. 1 Tasse Milch, 30 halbe Ü-Eier

Zucker, Sanella, Vanillinzucker, Eier und Mehl mit dem Mixer auf Stufe 3 schaumig rühren. Backpulver durch ein Sieb geben, Milch hinzufügen und alles zu einem weichen, geschmeidigen Teig verrühren. Springform mit ca. 24 cm Durchmesser einfetten. Etwas Teig in die Form füllen. 10 halbe Ü-Eier auf den Teig legen, dies noch 2x wiederholen. Oben auf die letzten Ü-Eier nochmals Teig. Im vorgeheizten Backofen bei 170 Grad mittlere Schiene 60 Minuten backen. Kuchen gleich aus der Form stülpen. Nochmals 11 halbe Ü-Eier auf den noch warmen Kuchen legen, mit der Schokoladenseite nach oben. Von der Wärme des Kuchens schmelzen die Ü-Eier zur Glasur.

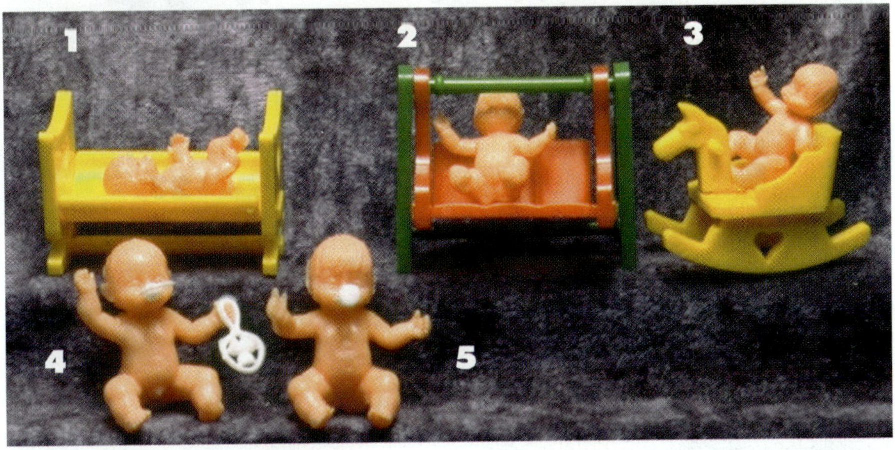

Verschiedene Babyfiguren

5 Stück

Nr.	Name - Info	Preis DM
1	Baby mit Wiege	50
2	Baby mit Schaukel	60
3	Baby mit Schaukelpferd	60
4	Baby mit Rassel	60
5	Baby mit Schnuller	60

Fahrzeuge

Auf den folgenden Seiten finden Sie Autos, Flugzeuge und Schiffe, die im Laufe der Jahre aus den Überraschungs-Eiern schlüpften. Soweit vorhanden zeigen wir die zugehörigen Beipackzettel.

1
2
3
4
5
6
7
8
9
10
11
12
13
14
15
16
17
18
19
20
21
22
23
24
25
26
27
28
29
30
31
32
33
34
35
36
37

Fahrzeuge nach Wiking - Vorbild

38 Stück

Nr.	Name - Info	Preis DM
1	VW Käfer Cabriolet, auch in gelb und orange erschienen	80
2	Mercedes 350 SL	26
3	Porsche 911	26
4	Mercedes C 111	30
5	Jaguar Typ E	28
6	Jeep	40
7	Mercedes 450 SE	30
8	Mercedes 280 SE Cabrio	110
9	Mercedes 260 D	50
10	Englisches Taxi (Austin)*	30
11	NSU Ro 80	25
12	Audi 100	26
13	BMW 328	60
14	Mercedes 200 Feuerwehr	30
15	VW Passat	26
16	VW 181 Kübelwagen	40
17	Strassenwalze	30
18	Kipplader	30
19	Englischer Doppeldeckerbus *	24
20	MB Trak 700	30
21	Bagger *	28
22	VW Variant Polizeiwagen	30
23	Land Rover	30
24	Unimog 411	40
25	Elektrokarren	40
26	McLaren, auch in weiß und rot erschienen *	22
27	Gabelstapler	30
28	Unimog 406	30
29	Porsche, auch in rot und orange erschienen *	22
30	Ferrari, auch in weiß und orange erschienen *	22
31	Targa 1923 *	30
32	Benz 1911 *	30
33	Unimog *	60
34	Mercedes 200 Taxi	130
35	Mercedes 540 K	230
36	Citroen Pallas	160
37	Porsche Carrera	130
38	Mercedes 250 SL (ohne Abbildung)	140

** Miniaturen ohne Wikingvorbilder*

Fantasia Cars 1+2

12 Stück 1976-86

Nr.	Name - Info	Preis DM
1	Bull Dozer	10
2	Traktor	10
3	Radar Wagen	10
4	Einsatzfahrzeug	10
5	Walzenroller	10
6	Raddampfer - Variante der Räder	10
7	Scheibentransporter	10
8	Kugelmischer	10
9	Flugzeug	10
10	Holztransporter	10
11	Kugelauto	10
12	Leiterwagen	10

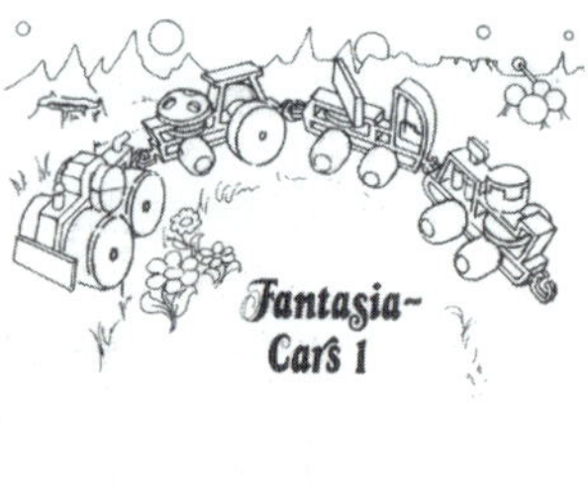

Beipackzettel je 5,-

Nutzfahrzeuge

17 Stück

Nr.	Name - Info	Preis DM
1	Kranwagen *	1
2	Kipper *	1
3	Betonmischer *	1
4	Kipper *	1
5	Unimog *	1
6	Kranwagen *	1
7	Bagger *	1
8	Walze *	1
9	Planierraupe *	1
10	Schaufelbagger *	1
11	LKW mit Ladekran *	1
12	Gabelstabler *	1
13	Betonmischer *	1
14	Müllwagen *	1
15	LKW mit Arbeitsbühne *	1
16	Pritschen LKW *	1
17	Tankwagen *	1
	** möglicherweise nicht aus dem Ei*	

Oldtimer 1 - Metall

4 Stück

Nr.	Name - Info	Preis DM
1	Rolls Royce Phantom 1927 - Scame 3	40
2	Bugatti 1925 - Scame 2	40
3	Fiat 1929 - Scame 4	40
4	Gardener 1914 - Scame 1 (ohne Abbildung)	40

Verschiedene Metall Oldtimer

6 Stück 1976

Nr.	Name - Info	Preis DM
1	Oldtimer 1	15
2	Oldtimer 2	15
3	Oldtimer 3	15
4	Oldtimer 4	15
5	Oldtimer 5	15
6	Oldtimer 6	15

Oldtimer 2

4 Stück 1976/78/80

Nr.	Name - Info	Preis DM
1	Fiat Zero	*
2	Mercedes	*
3	Fiat 60 CV	*
4	Fiat 16-24	*

** Metallboden 1976 je DM 30; Metallachse 1978 je DM 25; Plastikachse 1980 je DM 15*

Baufahrzeuge 1

4 Stück 1977

Nr.	Name - Info	Preis DM
1	Kipper	25
2	Pritschenlastkraftwagen	25
3	Betonmischer	25
4	Kranwagen	25

Baufahrzeuge 2

5 Stück 1978

Nr.	Name - Info	Preis DM
1	Tankwagen	25
2	Kranwagen	25
3	Kipper	25
4	Feuerwehr	25
5	Tigelfahrzeg	25

Rennwagen - Metall

4 Stück 1978

Nr.	Name - Info	Preis DM
1	Surtess TS 19	25
2	Ferrari 312 T	25
3	Mc Laren M 25 B	25
4	Lotus JPS 11	25

Oldtimer Parade

4 Stück 1978

Nr.	Name - Info	Preis DM
1	Opel Coupé 1909 - Brüniert	20
2	Mercedes 1928 - Brüniert	20
3	Ford T. 1911 - Brüniert	20
4	Alfetta 1930 - Brüniert	20

Traktoren

4 Stück 1978

Nr.	Name - Info	Preis DM
1	Traktor mit Sähmaschine	20
2	Traktor mit Bodenfräse	20
3	Traktor mit Hackmaschine	20
4	Traktor mit Heuwender	20

Beipackzettel je DM 20,-

Oldtimer 3

4 Stück 1978/80

Nr.	Name - Info	Preis DM
1	Legnano 1908	*
2	Fiat Spider	*
3	Fiat 501	*
4	Fiat 1903	*

** Metallachsen 1978 DM 25,- ; Kunststoffachsen 1980 DM 15,-*

Beipackzettel je DM 25,-

Baufahrzeuge 3

5 Stück 1979

Nr.	Name - Info	Preis DM
1	Kipper	20
2	Pritschenlastkraftwagen mit Plane	20
3	Tanklastkraftwagen	20
4	Pritschenlastkraftwagen	
5	Kranwagen	20

Beipackzettel je DM 25,-

Sportwagen

4 Stück 1980

Nr.	Name - Info	Preis DM
1	Lancia Stratos	23
2	Mercedes	23
3	Porsche	23
4	VW Käfer	23

Beipackzettel je DM 25,-

Oldtimer 4

4 Stück 1981

Nr.	Name - Info	Preis DM
1	Ford 1915	28
2	Morris 1924	28
3	Caddillac 1913	28
4	Renault 1904	28

Oldtimer 5

4 Stück 1983

Nr.	Name - Info	Preis DM
1	Riley 1934	28
2	Lagonda 1938	28
3	Jaguar 1936	28
4	MG 1945	28

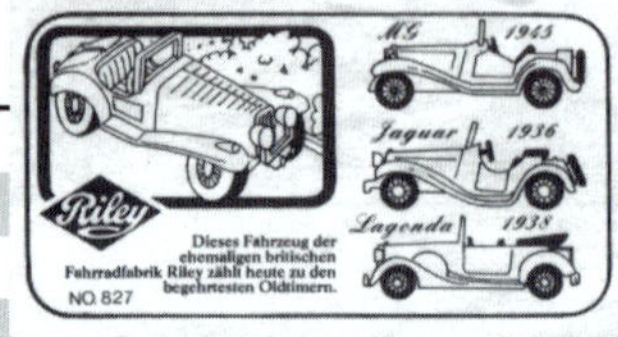

Beipackzettel
DM 25,-

Utopia Cars

4 Stück 1983

Nr.	Name - Info	Preis DM
1	Utopia Car 1	15
2	Utopia Car 2	15
3	Utopia Car 3	15
4	Utopia Car 4	15

Heiße Flitzer von Ferrero

4 Stück 1983

Nr.	Name - Info	Preis DM
1	Porsche Turbo	28
2	Eisenbahn	28
3	Reisebus	30
a	Farbvariante	25
4	VW Käfer Polizeiwagen	40
b	Farbvarianten	25

Beipackzettel DM 20,-

Kugelautos

4 Stück 1983

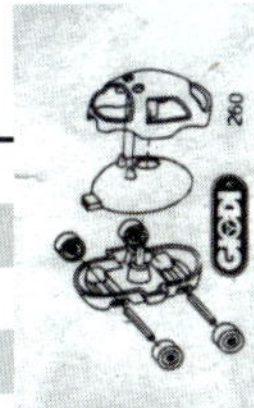

Beipackzettel DM 20,-

Nr.	Name - Info	Preis DM
1	Kugelauto 1	15
2	Kugelauto 2	15
3	Kugelauto 3	15
4	Kugelauto 4	15

Baufahrzeuge 4

4 Stück 1983

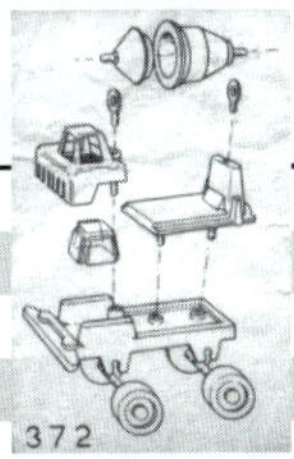

Beipackzettel DM 20,-

Nr.	Name - Info	Preis DM
1	Betonmischer	15
2	Tigelfahrzeug	15
3	Leiterwagen	15
4	Kipper	15

Airport-Einsatzfahrzeuge

8 Stück 1983

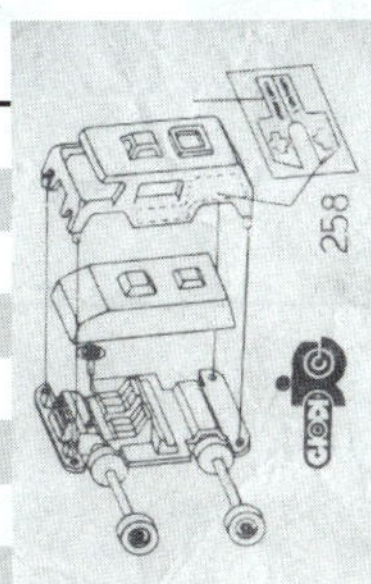

Beipackzettel DM 20,-

Nr.	Name - Info	Preis DM
1	Lufthansa	18
2	Alitalia	18
3	TWA	18
4	Air France	18
5	Pan Am	18
6	CP Air	18
7	Swiss Air	18
8	Circus	18

Baufahrzeuge 5

4 Stück 1983

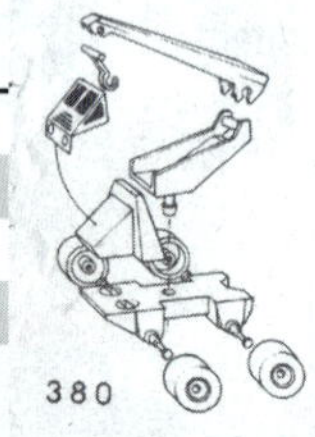

Nr.	Name - Info		Preis DM
1	Kipper		20
2	Leiterwagen	Beipackzettel	20
3	Kranwagen	DM 20,-	20
4	Lkw mit Ausleger		20

Oldtimer Parade

4 Stück 1984

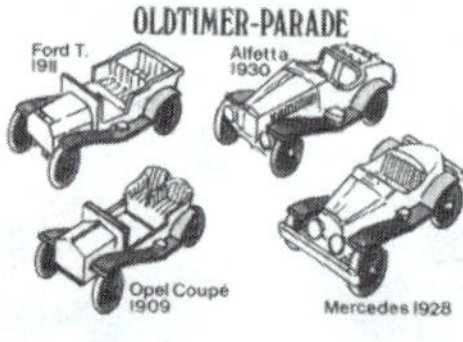

Nr.	Name - Info		Preis DM
1	Opel Coupé 1909 - Chrom		15
2	Mercedes 1928 - Chrom	Beipackzetttel	15
3	Ford T. 1911 - Chrom	DM 10,-	15
4	Alfetta 1930 - Chrom		15

Rennflitzer

4 Stück 1984

Nr.	Name - Info	Preis DM
1	Rennflitzer 1	13
2	Rennflitzer 2	13
3	Rennflitzer 3	13
4	Rennflitzer 4	13

Spezial Bau-Fahrzeuge

2 Stück 1985

Nr.	Name - Info	Preis DM
1	Containerfahrzeug	23
2	LKW mit Kippfläche	23

Beipackzetttel
DM 20,-

Die 4 vom Bau

4 Stück 1985

Nr.	Name - Info	Preis DM
1	Modell 1 Feuerwehr Drehleiter	30
2	Modell 2 Muldenkipper	30
3	Modell 3 Abschleppwagen	30
4	Modell 4 Absetzkipper mit Container	30

Beipackzetttel
DM 20,-

Oldtimer 6

4 Stück 1986

Nr.	Name - Info	Preis DM
1	Mercedes SSK	40
2	Fiat 0	40
3	Cadillac 1931	40
4	Mercedes 540 K	40

Old's Mobile

4 Stück 1986

Nr.	Name - Info	Preis DM
1	Jeep	15
2	Postauto	15
3	Reisebus	15
4	Gefängniswagen	15

Beipackzettel
DM 15,-

Combi LKW

5 Stück 1986

Nr.	Name - Info	Preis DM
1	Lieferwagen	15
2	Linien-Bus	15
3	Schwerlastwagen	15
4	Pritschen Wagen	15
5	Kastenwagen	15

Beipackzettel
DM 15,-

Beipackzettel
DM 10,-

Strandbuggy

1 Stück 1986

Nr.	Name - Info	Preis DM
1	Strandbuggy	13
a	Varianten	13

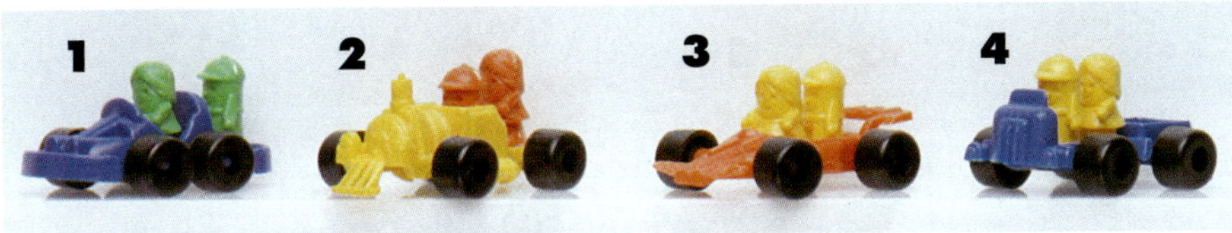

Auf der Achterbahn

4 Stück 1986

Nr.	Name - Info	Preis DM
1	Modell 1	18
2	Modell 2	18
3	Modell 3	18
4	Modell 4	18

Beipackzettel DM 10,-

Airport Spezial-Fahrzeuge

4 Stück 1986

Nr.	Name - Info	Preis DM
1	Passagierbus	13
2	Tankwagen	13
3	Löschzug	13
4	Ambulanz	13

Beipackzettel DM 10,-

Brummis auf der Autobahn

2 Stück 1987

Nr.	Name - Info	Preis DM
1	Brummi 1	10
2	Brummi 2	10
a	Farbvarianten	10

Beipackzettel DM 15,-

Montage Abschleppjeeps

2 Stück 1987

Nr.	Name - Info	Preis DM
1	Montagejeep - Kennung Coroplast	8
2	Abschleppjeep - Kennung Coroplast	8

Beipackzettel DM 8,-

Gelände Flitzer

2 Stück 1987

Nr.	Name - Info	Preis DM
1	Jeep 1 - Kennung Coroplast	8
2	Jeep 2 - Kennung Coroplast	8
a	Farbvarianten	8

Beipackzettel DM 8,-

Oldtimer Rennen

4 Stück 1987

Nr.	Name - Info	Preis DM
1	Ferrari F2	11
2	Alfa Romeo	11
3	Alfa Romeo P2	11
4	Bugatti	11

Beipackzettel DM 8,-

Luxus Oldtimer

4 Stück 1987

Nr.	Name - Info	Preis DM
1	Bugatti 1927	15
2	Delahaye 1935	15
3	Lancia Dilambda	15
4	Renault Torpedo 1923	15

Beipackzettel DM 8,-

Off Road

4 Stück 1987

Nr.	Name - Info	Preis DM
1	Jeep 1 - Kennung Coroplast	8
2	Jeep 2 - Kennung Coroplast	8
3	Jeep 3 - Kennung Coroplast	8
4	Jeep 4 - Kennung Coroplast	8

Beipackzettel DM 8,-

4 Rad Spass

2 Stück 1987

Nr.	Name - Info	Preis DM
1	Jeep 1 - Kennung Coroplast	8
2	Jeep 2 - Kennung Coroplast	8

Beipackzettel DM 8,-

Oldtimer Feuerwehrautos

3 Stück 1987

Nr.	Name - Info	Preis DM
1	Rohrträger	10
2	Löschfahrzeug	10
3	Mannschaftswagen	10
a	Farbvarianten	10

Beipackzettel DM 8,-

Formel X Autosalon

4 Stück 1987

Nr.	Name - Info	Preis DM
1	Speeder GX	12
2	Rally Carlo 7	12
3	Turbo X 12	12
4	Jane 007	12

Beipackzettel DM 8,-

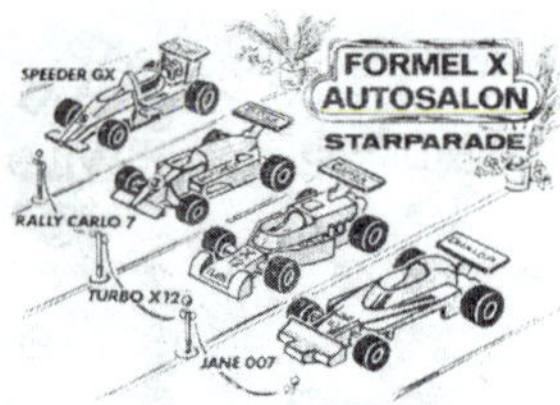

Spielautos mit Schwungradantrieb

4 Stück 1987

Nr.	Name - Info	Preis DM
1	Volvo	10
2	Lancia	10
3	Mercedes	10
4	Saab	10

Beipackzettel DM 8,-

Grand Prix Formel 1

3 Stück 1987

Nr.	Name - Info	Preis DM
1	Turbo 3	12
2	Turbo 1	12
3	Turbo 2	12
a	Farbvarianten	12

Beipackzettel DM 8,-

Die drei vom Bau

3 Stück 1987

Nr.	Name - Info	Preis DM
1	Kipper LKW	10
2	Drehleiter LKW	10
3	Abschlepp LKW	10

Beipackzettel DM 8,-

Mondfahrzeuge

2 Stück 1987

Nr.	Name - Info	Preis DM
1	Fahrzeug 1	12
2	Fahrzeug 2	12

Beipackzettel DM 10,-

Motorisierte Erntehelfer

2 Stück 1988

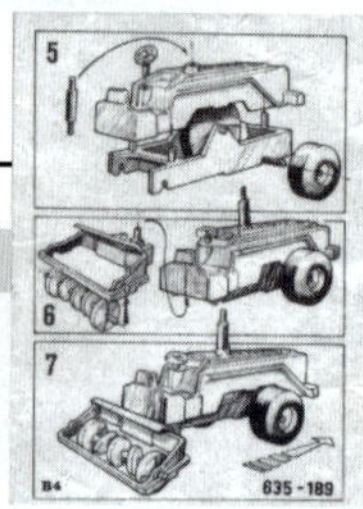

Nr.	Name - Info	Preis DM
1	Mähdrescher	12
2	Traktor	12

Beipackzettel DM 20,-

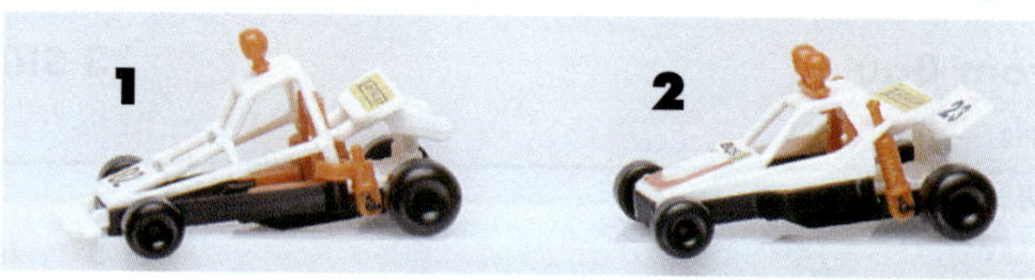

Stunt-Cars

2 Stück 1988

Nr.	Name - Info	Preis DM
1	Dunlop 02	15
2	Bosch 23	15

Beipackzettel DM 15,-

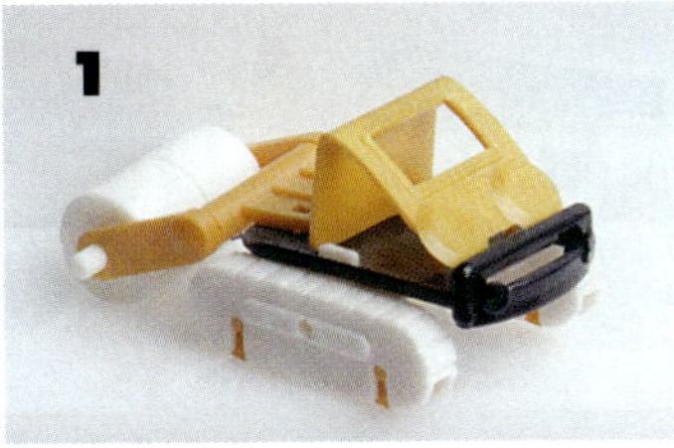

Beipackzettel
DM 15,-

Spezial-Straßenwalze

1 Stück 1988

Nr.	Name - Info	Preis DM
1	Spezial-Straßenwalze	20

Heiße Brummis

3 Stück 1988

Nr.	Name - Info	Preis DM
1	Truck 1	10
2	Truck 2	10
3	Truck 3	10

Beipackzettel DM 8,-

Die 3 Giganten vom Bau

3 Stück 1988

Nr.	Name - Info	Preis DM
1	Hebekran	10
2	Grabenbagger	10
3	Schwerlastheber	10

Beipackzettel DM 8,-

Circus Sorpresa

4 Stück 1988

Nr.	Name - Info	Preis DM
1	Tiertransporter - Giraffe (grau oder braun) *	30
2	Käfigwagen - Bär oder Elefant (grau oder braun) *	30
3	Wohnwagen	10
4	Kassenwagen	10

** Tiere je DM 30*

Beipackzettel DM 8,-

Oldtimer LKW

4 Stück 1988

Nr.	Name - Info	Preis DM
1	Fässer-Wagen	8
2	Möbel-Transport	8
3	Kohle-Wagen	8
4	Tank-Wagen	8

Beipackzettel DM 8,-

Heiße Renner

4 Stück 1988

Nr.	Name - Info	Preis DM
1	Jeep Golden Eagle	10
2	Fiat Fiorino	10
3	Ford Pick up	10
4	Renault R4	10

Beipackzettel DM 8,-

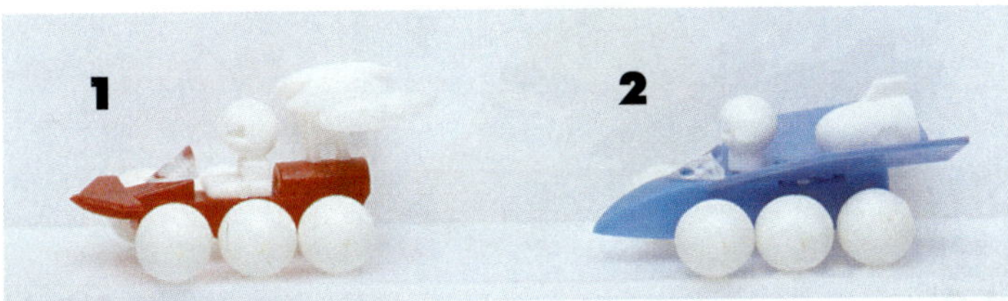

Abenteuerfahrt im Kugelauto

2 Stück 1988

Nr.	Name - Info	Preis DM
1	Kugelauto rot	12
2	Kugelauto blau	12

Start der Champions

4 Stück 1989

Nr.	Name - Info	Preis DM
1	Valvoline 17	11
2	Hella 15	11
3	Würth 16	11
4	BBS 18	11

Beipackzettel DM 8,-

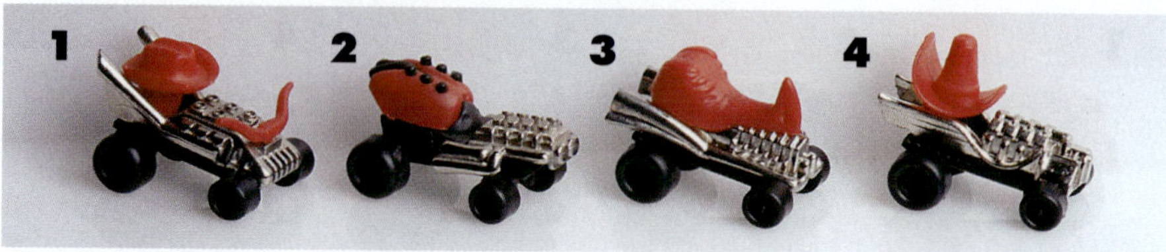

Mini-Dragster mit Metallmotor

4 Stück 1989

Nr.	Name - Info	Preis DM
1	Western Willy	5
2	Käfertaxi	5
3	Rambo	5
4	Speedy	5

Beipackzettel DM 5,-

Postamt 4

2 Stück 1989

Nr.	Name - Info	Preis DM
1	City-Kombi-Paketdienst	40
2	Paketlieferwagen (ohne Abbildung)	40

Lieferwagen

3 Stück 1989

Nr.	Name - Info	Preis DM
1	Lieferwagen (weiß)	25
2	Lieferwagen (rot)	20
3	Lieferwagen (blau)	20

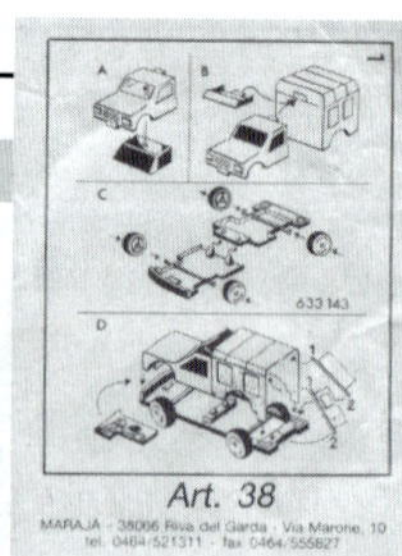

Beipackzettel
DM 20,-

Die Bärenstarken vom Bau

3 Stück 1989

Nr.	Name - Info	Preis DM
1	Gabelstapler	10
2	Schaufelbagger	10
3	Planierraupe	10

Beipackzettel
DM 5,-

neue Stunt-Cars

4 Stück 1989

Nr.	Name - Info	Preis DM
1	Blue Bird	8
2	Yellow Tiger	8
3	BMW	8
4	Red Baron	8

Beipackzettel
DM 10,-

Formel 1 Rennwagen

2 Stück 1990

Nr.	Name - Info	Preis DM
1	Fahrzeug 1 - Spoiler geschlossen	9
2	Fahrzeug 2 - Spoiler offen	9

Beipackzettel DM 10,-

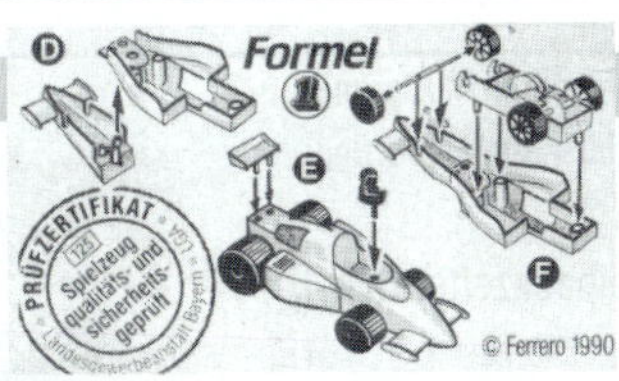

Flotte Freizeit- und Geländeflitzer

6 Stück 1990

Nr.	Name - Info	Preis DM
1	Jeep 1 - ohne Kenneung	6
2	Jeep 2 - ohne Kenneung	6
3	Jeep 3 - ohne Kenneung	6
4	Jeep 4 - ohne Kenneung	6
5	Jeep 5 - ohne Kenneung	6
6	Jeep 6 - ohne Kenneung	6

Beipackzettel DM 5,-

Oldtimer

3 Stück 1990

Nr.	Name - Info	Preis DM
1	Oldtimer	6
2	Oldtimer	6
3	Oldtimer als Taxi	6
a	Farbvarianten	6

Beipackzettel DM 5,-

Dragster

2 Stück 1991

Nr.	Name - Info	Preis DM
1	Dragster 1 - unterschiedliche Musterung	9
2	Dragster 2 - unterschiedliche Musterung	9

Beipackzettel DM 10,-

Oldtimer Rallye

3 Stück 1991

Nr.	Name - Info	Preis DM
1	Rolls Royce	6
2	MG	6
3	City Bang-Bang	6

Beipackzettel DM 5,-

Oldtimer Lieferautomobile

5 Stück 1991

Nr.	Name - Info	Preis DM
1	Transporter	6
2	Kastenwagen	6
3	Lieferwagen	6
4	Transporter	6
5	Transporter	6
a	Farbvarianten	6

Beipackzettel DM 5,-

Oldtimer

6 Stück 1992

Nr.	Name - Info	Preis DM
1	Käfigwagen	4
2	Pritschenwagen	4
3	Milchtransporter	4
4	Feuerwehr	4
5	Schulbus	4
6	Schwerlasttransporter	4

Beipackzettel DM 4,-

Auto-Transporter

2 Stück 1992

Nr.	Name - Info	Preis DM
1	Transporter mit großen Fenstern	3
2	Transporter mit kleinen Fenstern	3

Beipackzettel DM 4,-

Legendäre Sportwagen

3 Stück 1992

Nr.	Name - Info	Preis DM
1	340 / B4	3
2	GTO	3
3	GTO 250	3

Beipackzettel DM 4,-

Die heißen Renner

4 Stück 1992

Nr.	Name - Info	Preis DM
1	Modell 1	4
2	Modell 2	4
3	Modell 3	4
4	Modell 4	4

Beipackzettel
DM 3,-

Transportfahrzeuge

6 Stück 1992

Nr.	Name - Info	Preis DM
1	Kleintransporter	4
2	City-Kombi	4
3	City-Car	4
4	Schnelltransporter	4
5	Pickup	4
6	Lieferwagen	4

Beipackzettel
DM 3,-

Heiße Mini-Dragster mit Metallmotor

4 Stück 1992

Nr.	Name - Info	Preis DM
1	Turbo-Teufel - Kleine Aufkleber	4
a	Turbo-Teufel - Große Aufkleber	4
2	Western-Willi	4
3	Power-Käfer	4
4	Feuerstuhl	4

Beipackzettel DM 3,-

ADAC Fahrzeuge

6 Stück 1992

Nr.	Name - Info	Preis DM
1	Kleintransporter	4
2	City-Kombi	4
3	City-Car	4
4	Schnelltransporter	4
5	Pickup	4
6	Lieferwagen	4

Beipackzettel DM 3,-

Oldtimer Parade

8 Stück 1993

Nr.	Name - Info	Preis DM
1	Morris Minor 1992 (GB)	3
2	Standard 95 HP 1913 (GB)	3
3	Turcat Mary 18 CV 1911 (FR)	3
4	Hudson 37 1913 (USA)	3
5	Fiat 501 1919 (I)	3
6	Adler 7/15 1912 (D)	3
7	Austin Seven Baby 1924 (GB)	3
8	DKW FI 500 1931 (DK)	3

Beipackzettel DM 3,-

Traum Autos

3 Stück 1993

Nr.	Name - Info	Preis DM
1	Bus	3
2	Pick-up	3
3	Racer	3

Beipackzettel DM 3,-

Das wilde Nashorn

2 Stück 1993

Nr.	Name - Info	Preis DM
1	Roter Geländewagen und Nashorn	3
2	Blauer Geländewagen und Nashorn	3

Beipackzettel DM 2,-

Oldtimer Rennwagen

3 Stück 1993

Nr.	Name - Info	Preis DM
1	Oldtimer 1	2
2	Oldtimer 2	2
3	Oldtimer 3	2
a	Farbvarianten	2

Beipackzettel DM 2,-

Helfer im Einsatz

12 Stück 1993

Nr.	Name - Info	Preis DM
1	Feuerwehr Umweltschutzmesswagen	4
2	Feuerwehr Mannschaftswagen	4
3	Feuerwehr Einsatzleiter	4
4	Feuerwehr Umweltschutz	4
5	Polizei Mannschaftswagen	4
6	Polizei Verkehrskontrolle	4
7	Polizei Streifenwagen	4
8	Polizei Einsatzfahrzeug	4
9	Notarzt Einsatzfahrzeug	4
10	Notarzt Rettungstransporter	4
11	Notarztwagen	4
12	Notarzt Rettungswagen	4

Beipackzettel DM 2,-

Freizeit auf Rädern

1 Stück 1993

Nr.	Name - Info	Preis DM
1	Geländewagen	4

Beipackzettel DM 2,-

Rallye Racer

1 Stück 1993

Nr.	Name - Info	Preis DM
1	Geländewagen	4
a	Farbvarianten	3

Beipackzettel DM 2,-

Strassenkreuzer der 50er Jahre

5 Stück 1994

Nr.	Name - Info	Preis DM
1	Rock'n Roll King	3
2	King of the Road	3
3	Marrilyn's Dreamcar	3
4	Big Daddy	3
5	President's Nr.1	3

Beipackzettel DM 1,-

City Transporter der Happy Hippo Company — 3 Stück 1994

Nr.	Name - Info	Preis DM
1	Tommy	3
2	Susi & Bos	3
3	Babsy & Rudi	3

Beipackzettel DM 1,-

Reise nach Utopia — 5 Stück 1994

Nr.	Name - Info	Preis DM
1	Ceramo II	2
2	Silver Star	2
a	Silver Star - Farbvarianten	2
3	Futura I	2
4	Hybrio III	2
5	Vision IV	2

Beipackzettel DM 1,-

Black Magic Racer — 4 Stück 1994

Nr.	Name - Info	Preis DM
1	Turbo Blitz	2
2	Tecno Katze	2
3	Renn-Tiger	2
4	Hi Tec Teufel	2

Beipackzettel DM 1,-

Knuddel Flitzer

2 Stück 1994

Nr.	Name - Info	Preis DM
1	Käfer Ludwig	2
2	Lady Lisa	2

Beipackzettel DM 1,-

Motorisierte Erntehelfer

2 Stück 1994

Nr.	Name - Info	Preis DM
1	Mähdrescher	2
2	Traktor	2

Beipackzettel DM 1,-

Auf der Baustelle

2 Stück 1994

Nr.	Name - Info	Preis DM
1	Beton Mischer	2
2	LKW mit Förderband	2

Beipackzettel DM 1,-

Racing-Action

4 Stück 1994

Nr.	Name - Info	Preis DM
1	Beach-Buggy	2
2	Wild-Dog	2
3	Stunt-Car	2
4	Offroad-King	2

Beipackzettel
DM 1,-

Tierische Turbo Renner

3 Stück 1994

Nr.	Name - Info	Preis DM
1	Turbo-Turtle	2
2	Power-Schnecke	2
3	Asphalt-Racer	2

Beipackzettel DM 1,-

Cracy Racer

3 Stück 1994

Nr.	Name - Info	Preis DM
1	Bienen-Dragster	2
2	Turnschuh-Dragster	2
3	Turbo-Dragster	2

Beipackzettel DM 1,-

Beipackzettel
DM 1,-

Der Bunte Joker Bus — 1 Stück 1994

Nr.	Name - Info	Preis DM
1	Joker Bus	2

Turbo Speed — 4 Stück 1994

Nr.	Name - Info	Preis DM
1	Turbo Blitz	2
2	Tecno Katze	2
3	Renn-Tiger	2
4	Hi Tec Teufel	2

Beipackzettel DM 1,-

City Transporter — 3 Stück 1994

Nr.	Name - Info	Preis DM
1	Car-Tuning	2
2	Mario's Pizza-Service	2
3	Computer-Service	2

Beipackzettel DM 1,-

Power Jeeps

4 Stück 1995

Nr.	Name - Info	Preis DM
1	Gelände Jeep	2
2	Gelände Jeep	2
3	Jeep mit Surfbrett	2
4	Jeep mit Kanu	2

Beipackzettel DM 1,-

Edle Metall-Oldtimer

4 Stück 1995

Nr.	Name - Info	Preis DM
2	Plymouth 1928	3
4	Aston Martin 1922	3
1	Studebaker 1927	3
3	Oakland 1924	3

Beipackzettel DM 1,-

Feuerwehr im Einsatz

4 Stück 1995

Nr.	Name - Info	Preis DM
1	Löschwagen	2
2	Gerätewagen	2
3	Drehleiter	2
4	Kranwagen	2

Beipackzettel DM 1,-

Freizeitspaß auf 4 Rädern mit Schwungrad — 4 Stück 1995

Nr.	Name - Info	Preis DM
1	Country Life	2
2	Tramp	2
3	Holiday Runner	2
4	Family Van	2

Beipackzettel DM 1,-

Formel 1 der Tiere — 6 Stück 1995

Nr.	Name - Info	Preis DM
1	Biber Berti der Turbo Nager	2
2	Turbo Duck, die schnellste Ente der Welt	2
3	8 Zylinder Löwen Racer	2
4	Kroko Kurti der rasende Malermeister	2
5	1000 PS Horce Racer	2
6	Power Bello	2
a	Farbvarianten	2

Beipackzettel DM 1,-

Edle Sportwagen **2 Stück 1995**

Nr.	Name - Info	Preis DM
1	Saphir	2
2	Cyrrus	2

Beipackzettel DM 1,-

Reisen in Jahr 2000 **5 Stück 1995**

Nr.	Name - Info	Preis DM
1	Evolution 12	2
2	Multivan	2
3	Family Car	2
4	House Limousine	2
5	Progress Line V	2

Beipackzettel DM 1,-

Beipackzettel DM 1,-

Funny Fanten on Tour **1 Stück 1995**

Nr.	Name - Info	Preis DM
1	Tourbus	3

Beipackzettel
DM 1,-

Top Ten Teddies on Tour

1 Stück 1995

Nr.	Name - Info	Preis DM
1	Tourbus	3

Beipackzettel
DM 1,-

Hanny Bunny's Ski-Zirkus

1 Stück 1996

Nr.	Name - Info	Preis DM
1	Tourbus	3

Papis erstes Auto

4 Stück 1996

Nr.	Name - Info	Preis DM
1	NSU Prinz	2
2	Fiat 500	2
3	Goggo	2
4	Simca	2

Beipackzettel
DM 1,-

Zu dieser Serie lag bei Redaktionsschluß nur der Beipackzettel vor.

Beipackzettel
DM 1,-

Dragster Racing

5 Stück 1996

Nr.	Name - Info	Preis DM
1	Dragster 1 *	2
2	Dragster 2 *	2
3	Dragster 3 *	2
4	Sven Rundhorn	2
5	Dragster 5 *	2

* *Namen waren bei Redaktionsschluß unbekannt.*

Amerikanische Automobile der 50er Jahre — 5 Stück 1996

Nr.	Name - Info	Preis DM
1	Everglade	2
2	Midnight Sun	2
3	Detroit Wheels	2
4	Route 66	2
5	Cabrio *(ohne Abb.;Name bei Redaktionsschluß unbekannt)*	2

Beipackzettel
DM 1,-

Wohnmobile — 4 Stück 1992

Nr.	Name - Info	Preis DM
1	Fahrzeug 1 - K92 n. 47	10
2	Fahrzeug 2 - K92 n. 48	10
3	Fahrzeug 3 - K92 n. 49	10
4	Fahrzeug 4 - K92 n. 50	10

Beipackzettel
DM 5,-

Auf dem Bauernhof — 4 Stück 1992

Nr.	Name - Info	Preis DM
1	Traktor mit Anhänger - K92 n. 219	10
2	Traktor mit Anhänger - K92 n. 220	10
3	Traktor mit Anhänger - K92 n. 221	10
4	Traktor mit Tankanhänger - K92 n. 222	10

Beipackzettel DM 5,-

Verschiedene Sportwagen — 4 Stück 1992

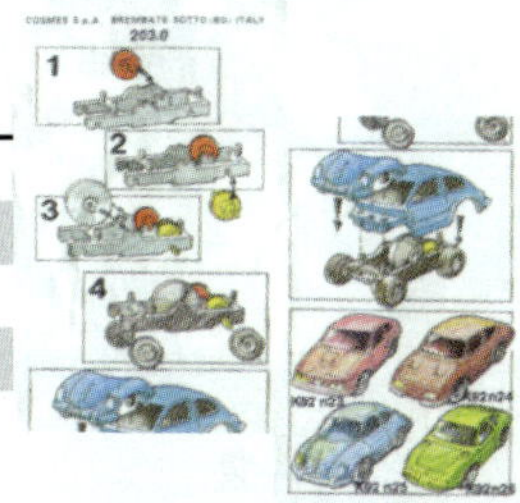

Nr.	Name - Info	Preis DM
1	Fahrzeug 1 - K92 n. 23	10
2	Fahrzeug 2 - K92 n. 24	10
3	Fahrzeug 3 - K92 n. 25	10
4	Fahrzeug 4 - K92 n. 26	10

Beipackzettel DM 5,-

Verschiedene Personenwagen — 4 Stück 1992

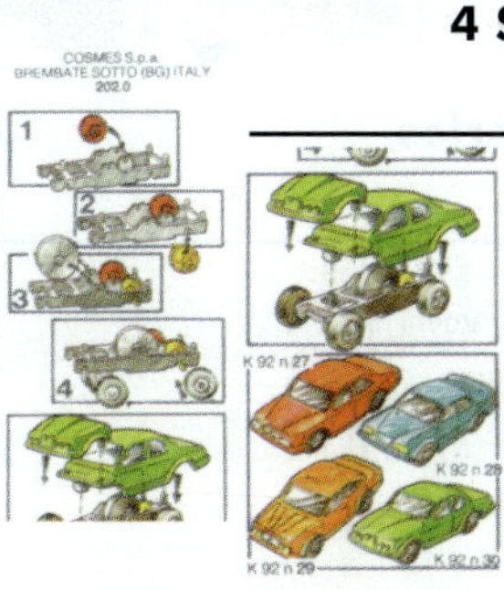

Nr.	Name - Info	Preis DM
1	Fahrzeug 1 - K92 n. 27	10
2	Fahrzeug 2 - K92 n. 28	10
3	Fahrzeug 3 - K92 n. 29	10
4	Fahrzeug 4 - K92 n. 30	10

Beipackzettel DM 5,-

Fahrzeuge mit Anhänger — 4 Stück 1993

Nr.	Name - Info	Preis DM
1	Bus mit Wohnwagen - K93 n. 20	8
2	LKW mit Anhänger - K93 n. 21	8
3	LKW mit Krananhänger - K93 n. 22	8
4	LKW mit Anhänger und Baumstämmen - K93 n. 23	8

Beipackzettel DM 4,-

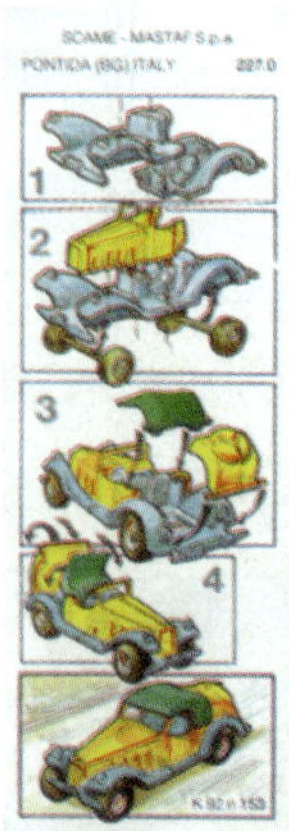

Beipackzettel DM 4,-

Oldtimer Cabrios — 4 Stück 1992

Nr.	Name - Info	Preis DM
1	Grauer Oldtimer - K92 n. 150	8
2	Pinker Oldtimer - K92 n. 151	8
3	Roter Oldtimer - K92 n. 152	8
4	Grüner Oldtimer - K92 n. 153	8

Rennstall

4 Stück 1994

Nr.	Name - Info	Preis DM
1	Autotransporter mit Rennwagen - K94 n. 27	3
2	PKW mit Anhänger und Rennwagen - K94 n. 28	3
3	Rennwagen mit Garage - K94 n. 29	3
4	Rennwagen mit Servicefahrzeug - K94 n. 30	3

Beipackzettel DM 5,-

Verschiedene Oldtimermodelle

4 Stück 1994

Nr.	Name - Info	Preis DM
1	Alfa Romeo 2900B (1938) - K94 n. 85	8
2	BMW 328 (1936) - K94 n. 83	8
3	Horch 8 Zil. Cabriolet Sport (1937) - K94 n. 81	8
4	Düsenberg SS (1938) - K94 n. 79	8

Beipackzettel DM 5,-

Fahrzeuge mit Anhänger

4 Stück 1995

Nr.	Name - Info	Preis DM
1	Lastwagen mit Kippanhänger - K95 n. 45	2
2	PKW mit Anhänger und Segelflugzeug - K95 n. 43	2
3	PKW mit Pferdeanhänger - K95 n. 46	2
4	Traktor mit Anhänger - K95 n. 44	2

Beipackzettel
DM 2,-

Fahrzeuge mit Schwungrad

7 Stück 1995

Nr.	Name - Info	Preis DM
1	Lieferwagen - K95 n. 96	2
2	Lastwagen mit Kippfläche - K95 n. 92	2
3	Truck - K95 n. 97	2

Beipackzettel
DM 2,-

Verschiedene Oldtimermodelle

4 Stück 1995

Nr.	Name - Info	Preis DM
1	Mercedes Benz 380 - 1935 - K95 n. 101	4
2	Alfa Romeo 1750 GS - 1932 - K95 n. 100	4
3	Bugatti T 50 - 1933 - K95 n. 99	4
4	Fiat Ardita 518 - 1933 - K95 n. 98	4

Beipackzettel DM 2,-

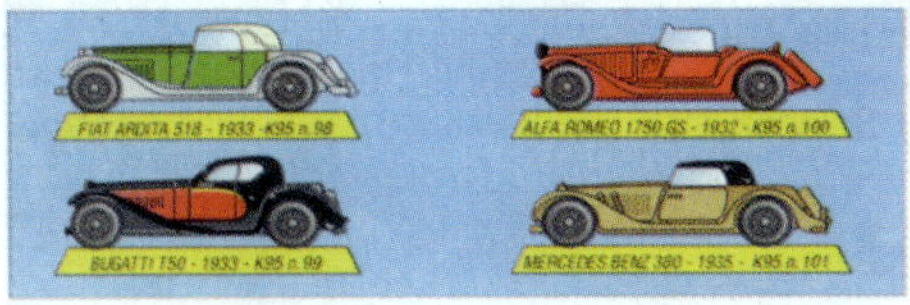

Oldtimer

4 Stück 1995

Nr.	Name - Info	Preis DM
1	Oakland G 54 1924	4
2	Studebaker 1927	4
3	Aston Martin 1922	4
4	Plymouth 1928	4

Beipackzettel DM 2,-

Im Eisenbahnmuseum

4 Stück 1993

Nr.	Name - Info	Preis DM
1	Industrie Lok	5
2	Rangier Lok	5
3	Nahverkehrs Lok	5
4	Lokalbahn Lok	5

Beipackzettel DM 3,-

Güterzug

4 Stück 1995

Nr.	Name - Info	Preis DM
1	Diesellok	2
2	Güterwagen	2
3	Personenwagen	2
4	Güterwagen	2

Beipackzettel DM 2,-

Zu dieser Serie lag bei Redaktionsschluß nur der Beipackzettel vor.

Beipackzettel DM 2,-

Schüttgut-Zug — 3 Stück 1996

Nr.	Name - Info	Preis DM
1	Elektrolok	2
2	Dampflok	2
3	Hubbühnenwagen	2
4	Schüttgutwagen	2

Die Welt der Dampfloks — 8 Stück 1992

Nr.	Name - Info	Preis DM
1	Compagne du Nord (F) - K93 n. 79	4
2	Staatsspoorwegen (NL) - K93 n. 77	4
3	Empire State Express 999 (USA) - K93 n. 78	4
4	Pride of the Praire (USA) - K93 n. 76	4
5	Sampierdarena (I) - K93 n. 74	4
6	Evening Star (GB) - K93 n. 75	4
7	Fred Merril (USA) - K93 n. 73	4
8	Der Münchener (D) - K93 n. 72	4

Beipackzettel DM 3,-

Flugzeuge

6 Stück

Nr.	Name - Info	Preis DM
1	Junkers Ju 87 "Stuka"	4
2	Messerschmidt Me 262 "Schwalbe"	4
3	North American A-5 "Vigilante"	4
4	Lockheed Tristar	4
5	Boeing 747	4
6	Douglas DC 10	4

Beipackzettel DM 1,-

Mehrzweck Amphibien-Flugzeuge

4 Stück 1988

Nr.	Name - Info	Preis DM
1	Antonov 55	3
2	Dornier 57	3
3	Flugzeug 3 (ohne Abbildung)	3
4	Flugzeug 4 (ohne Abbildung)	3

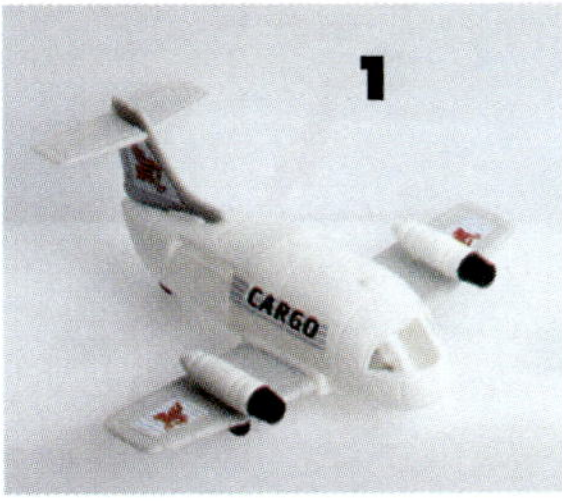

Beipackzettel
DM 1,-

Frachtflugzeuge **2 Stück 1990**

Nr.	Name - Info	Preis DM
1	Flugzeug 1	5
2	Flugzeug 2 (ohne Abbildung)	5

Beipackzettel
DM 1,-

Über den Wolken **1 Stück 1992**

Nr.	Name - Info	Preis DM
1	Leicht Flugzeug	4

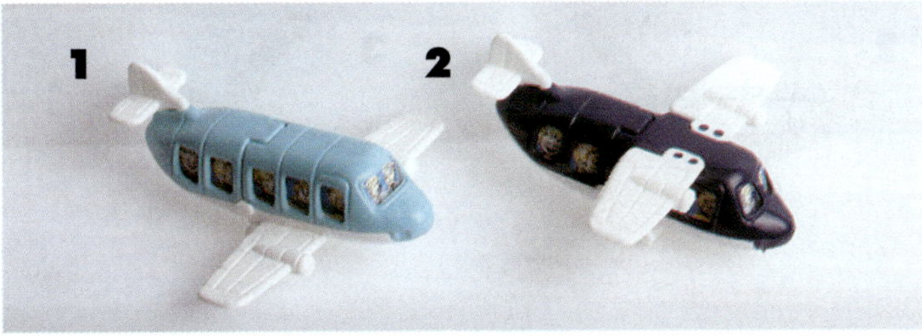

Start Frei **2 Stück 1992**

Nr.	Name - Info	Preis DM
1	Ferien Flieger 1	5
2	Ferien Flieger 2	5

Beipackzettel DM 1,-

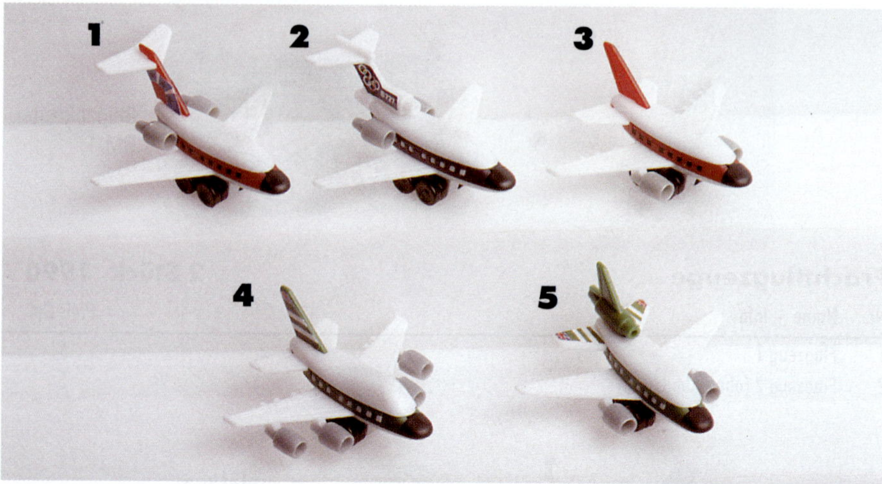

Am Flughafen

5 Stück 1992

Nr.	Name - Info	Preis DM
1	Douglas DC 9	4
2	Boeing 727	4
3	Airbus A 300	4
4	Boeing 747	4
5	Douglas DC 10	4

Beipackzettel DM 1,-

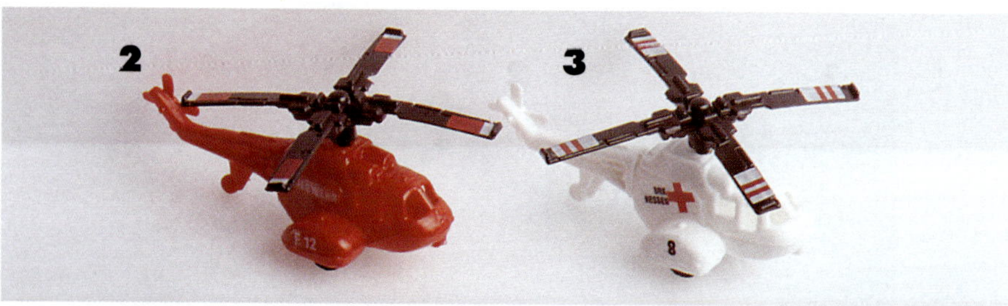

Hubschrauber im Einsatz

3 Stück 1993

Nr.	Name - Info	Preis DM
1	Polizeihubschrauber (ohne Abbildung)	3
2	Feuerwehrhubschrauber	3
3	Rettungsdiensthubschrauber	3

Beipackzettel DM 1,-

Oldtimer Flugdienste

4 Stück 1993

Nr.	Name - Info	Preis DM
1	Doppeldecker Kunstflug	5
2	Doppeldecker Safari-Tours	5
3	Wasserflugzeug Nationalpark Tierschutz	5
4	Wasserflugzeug Forestranger	5

Beipackzettel DM 1,-

Flying High

3 Stück 1994

Nr.	Name - Info	Preis DM
1	Doppeldecker	2
2	Dreierdecker	2
3	Eindecker	2

Beipackzettel DM 1,-

Propellerflugzeuge

4 Stück 1994

Nr.	Name - Info	Preis DM
1	Hercules	3
2	Douglas	3
3	Handley Page	3
4	Piaggo P 166 B	3

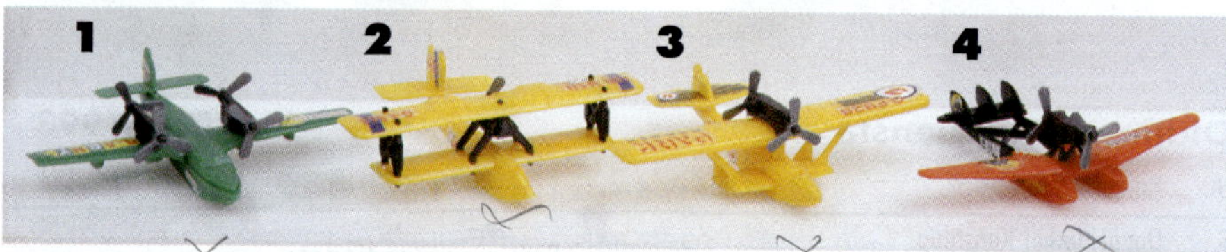

Historische Flugboote

4 Stück 1995

Nr.	Name - Info	Preis DM
1	Mosquito Airlines	4
2	Air Mail	4
3	Feuerwehr	4
4	Park Ranger	4

Beipackzettel DM 1,-

Rezeptvorschlag

Ü-Eier-Küchli in Papier-Backförmchen:
von: Silvia Dill, Burghaldenweg 20, CH-4435 Niederdorf

Rezept für ca. 64 Stück (4 Bleche à 16Stück):
450g Margarine oder Butter, 12 Eier, 540 g Zucker, 3 Päckchen Vanillin-Zucker, 750g Ü-Eier-Schokolade, 150g geriebene Haselnüsse, 150g gesiebtes Mehl

Butter zergehen lassen, Eier, Zucker und Vanillin-Zucker dazugeben. Nach jeder Zugabe die Zutaten gut verrühren. Schokolade schmelzen lassen und unterrühren. Auf unterster Schiene im vorgeheizten Backofen ca. 13 Minuten backen. Im Kühlschrank aufbewahren.

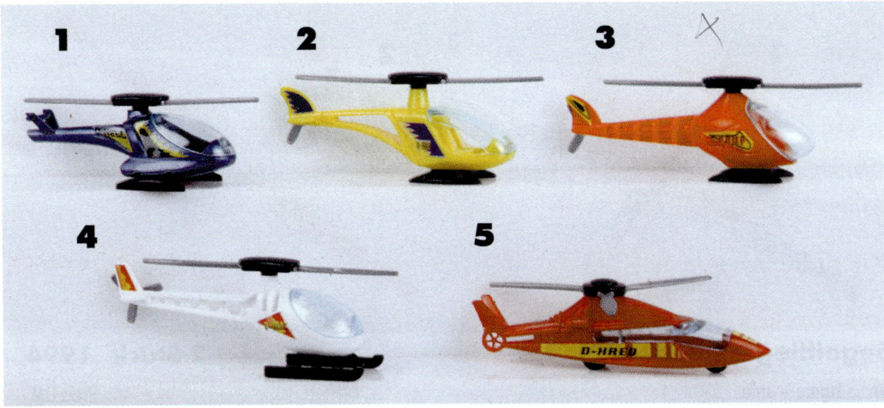

Moderne Hubschrauber

5 Stück 1996

Nr.	Name - Info	Preis DM
1	D-HELL	3
2	D-HIGH	3
3	D-HUMP	3
4	D-HEAT	3
5	D-HRED	3

Beipackzettel DM 1,-

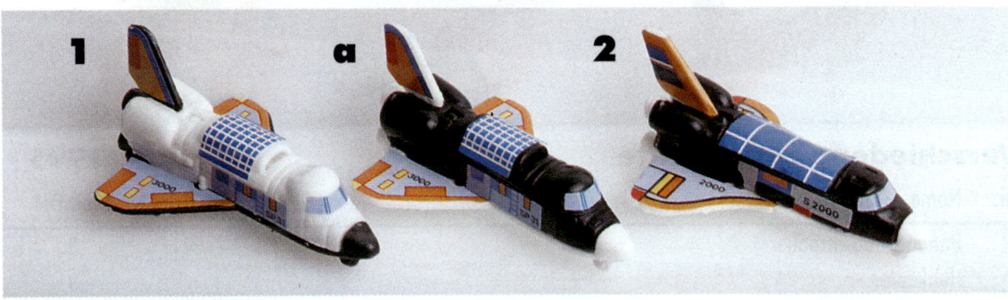

Space Shuttle

2 Stück 1992

Nr.	Name - Info	Preis DM
1	Discovery	3
a	Farbvariante	3
2	Shuttle	3

Beipackzettel DM 1,-

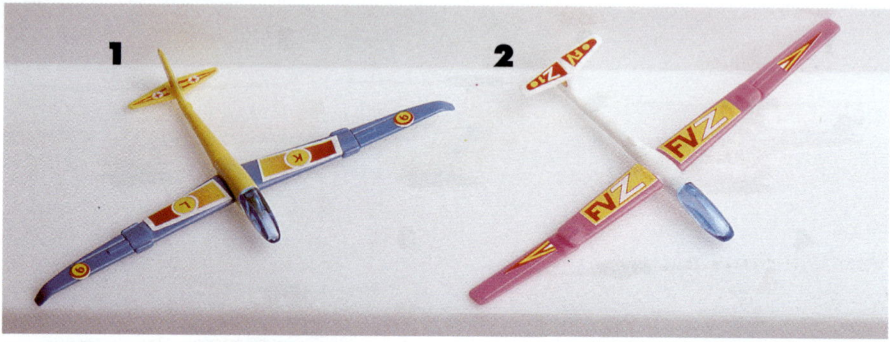

Segelflieger

2 Stück 1994

Nr.	Name - Info	Preis DM
1	Flieger 1	2
2	Flieger 2	2

Beipackzettel je DM 1,-

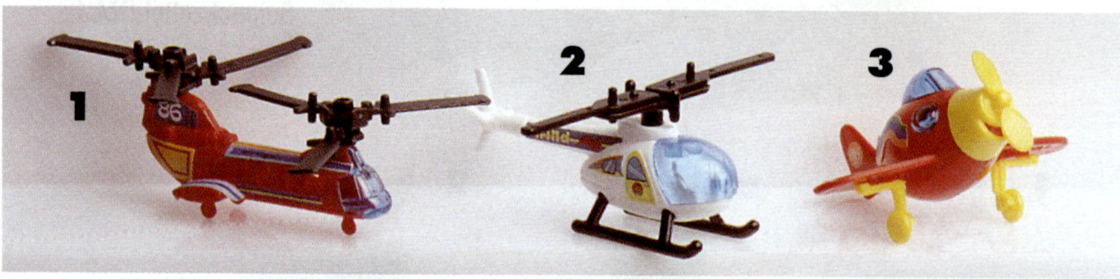

Verschiedene Flugobjekte

3 Stück 1995

Nr.	Name - Info	Preis DM
1	Bananenhubschrauber	3
2	Helikopter	3
3	Flugzeug	3

Beipackzettel je DM 1,-

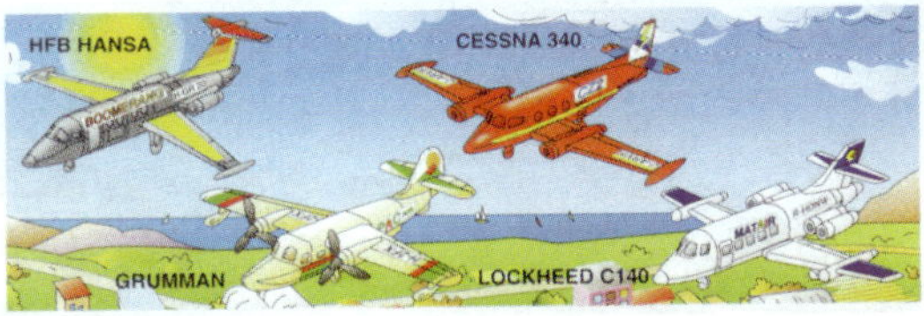

Beipackzettel DM 1,-

Verschiedene Flugzeuge

4 Stück 1994

Nr.	Name - Info	Preis DM
1	Grumman	4
2	HFB Hansa (ohne Abbildung)	4
3	Cessna 340 (ohne Abbildung)	4
4	Lockheed C 140 (ohne Abbildung)	4

Flugzeuge um 1918

4 Stück 1993

Nr.	Name - Info	Preis DM
1	Macchi M. 5	3
2	Morane Saulnier AL	3
3	Junkers D. I.	3
4	Fokker D. VII	3

Beipackzettel DM 1,-

Endspurt Ziel

2 Stück

Nr.	Name - Info	Preis DM
1	Winner	4
2	Seastar	4

Beipackzettel DM 1,-

Rennboote

3 Stück 1991

Nr.	Name - Info	Preis DM
1	Rennboot 1	4
2	Rennboot 2	4
3	Rennboot 3	4

Beipackzettel DM 1,-

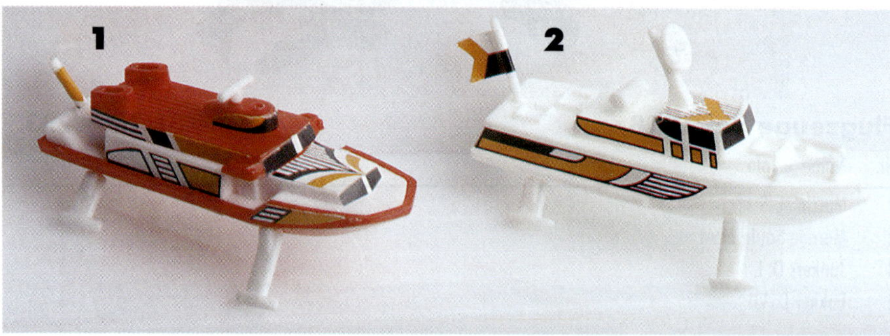

Tragflächenboote

2 Stück 1991

Nr.	Name - Info	Preis DM
1	Boot 1	4
2	Boot 2	4

Beipackzettel DM 1,-

Mississippi Raddampfer

4 Stück 1992

Nr.	Name - Info	Preis DM
1	Southern Pride	3
2	Cotton Lady	3
3	Oldman River	3
4	Queen	3

Beipackzettel DM 1,-

Luftkissenboote

3 Stück 1992

Nr.	Name - Info	Preis DM
1	Boot 1	5
2	Boot 2	5
3	Boot 3	5

Beipackzettel DM 1,-

Segelboote

4 Stück 1992

Nr.	Name - Info	Preis DM
1	Brigantine	5
2	Egyptian Ship	5
3	Phoenician Ship	5
4	Schooner	5

Beipackzettel DM 1,-

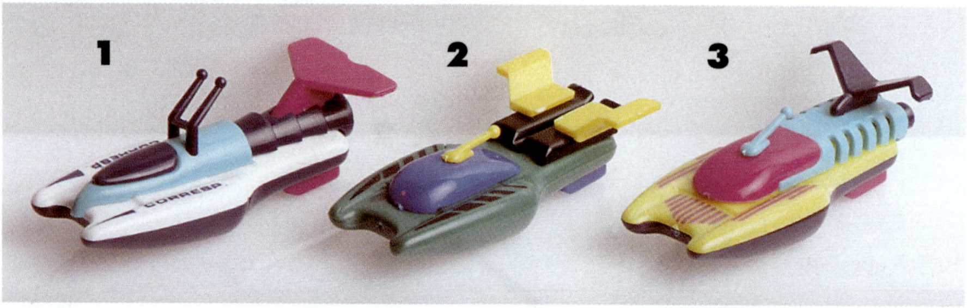

Rennboote

3 Stück 1993

Nr.	Name - Info	Preis DM
1	Rennboot 1	4
2	Rennboot 2	4
3	Rennboot 3	4

Beipackzettel DM 1,-

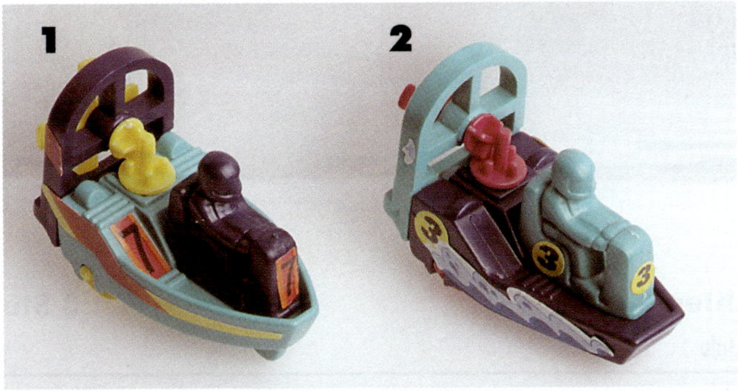

Propellerboot Rennen

2 Stück 1993

Nr.	Name - Info	Preis DM
1	Boot 1	4
2	Boot 2	4

Beipackzettel DM 1,-

Luftkissenboote

4 Stück 1994

Nr.	Name - Info	Preis DM
1	Seajet	4
2	Seastar	4
3	Hoverjet	4
4	Speedliner	4

Beipackzettel DM 1,-

Luxusyachten

3 Stück 1995

Nr.	Name - Info	Preis DM
1	Yacht Askari	4
2	Yacht Juliet	4
3	Yacht Astoria	4

Beipackzettel DM 1,-

Rennboote

2 Stück

Nr.	Name - Info	Preis DM
1	Rennboot 1	4
2	Rennboot 2	4

Beipackzettel DM 1,-

Rennboote **5 Stück**

Nr.	Name - Info	Preis DM
1	Rennboot 1	5
2	Rennboot 2	5
3	Rennboot 3	5
4	Rennboot 4	5
5	Rennboot 5	5

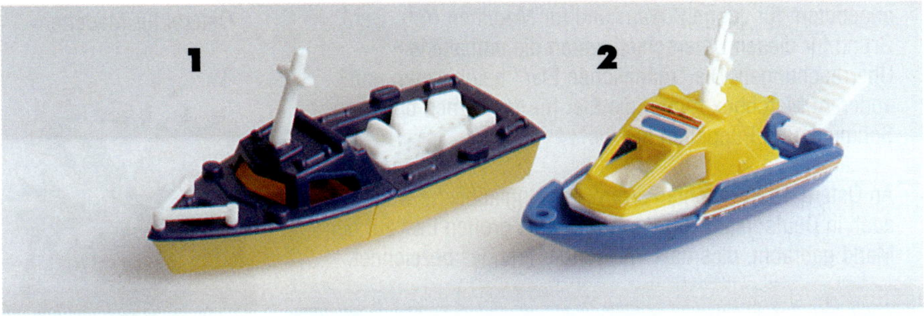

Motorboote **2 Stück**

Nr.	Name - Info	Preis DM
1	Motoryacht	5
2	Sportboot	5

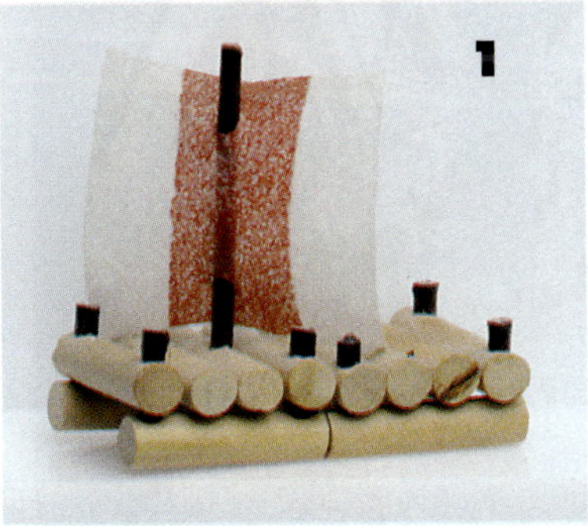

Holz-Floß **1 Stück**

Nr.	Name - Info	Preis DM
1	Raft	4

Kinder Gransorpresa - Maxieier

Seit einigen Jahren gibt es in Italien die "Kinder Gransorpresa", dabei handelt es sich um große "Überraschungseier" mit entsprechend großen Überraschungen. Diese Eier sind jedoch nur während der Osterzeit erhältlich und werden somit in einer wesentlich geringeren Auflage als ihre kleineren Geschwister produziert.
Der eine oder andere Leser wird sich eventuell noch daran erinnern, daß es auch in Deutschland um 1977 die großen Eier zu kaufen gab. Damals standen die Riesen aber nicht nur zu Ostern, sondern auch an Weihnachten beim Kaufmann in den Regalen. Ein bunt bedruckter Aufsatz aus Pappe zeigte entweder einen Blumenstrauß (Ostern) oder verschneite Tannenzweige (Weihnachten).
Außerdem wurden die Eier damals in zwei Versionen angeboten: für Jungen (blau) und für Mädchen (rot). Der Grund für diesen Unterschied waren die enthaltenen Überraschungen. Die "männlichen Eier" beinhalteten unter anderem Matchbox Autos, die Eier für die Damen brachten Schmuck und Püppchen hervor.

An Ostern 1996 machte Ferrero das Unglaubliche wahr: auch in Deutschland wurden wieder die großen Eier auf den Markt gebracht, diesmal als "Kinder Freude" bezeichnet.

Osterei für Mädchen

Weihnachtsei für Jungen

Die neuen Maxi-Eier: "Kinder Freude" aus Deutschland und die "Maxi Kinder Surprise" aus dem Ausland.

1

2

3

Verschiedene Überraschungen **3 Stück**

Nr.	Name - Info	Preis DM
1	Mach 3	250
2	Terra X7	250
3	LKW	250

Beipackzettel
je DM 100,-

Ende der siebziger Jahre gab es auch
die zum Ei passende Einkaufstüte

Astronauten

3 Stück 1981

Nr.	Name - Info	Preis DM
1	Astronaut mit Satellitenfahrzeug	250
2	Luna Mobil das Solarerkundungsfahrzeug	250
3	Venus Q2 das Laser Einsatzfahrzeug	250

Beipackzettel DM 100,-

Micky Maus

1 Stück 1990

Nr.	Name - Info	Preis DM
1	Donald mit Dampfer	250

Rezeptvorschlag

"Fanta-Schmandkuchen mit Kinderüberraschungsschokolade"
von: Bernadette Müller, Hauptstrasse 94, 99976 Hildebrandshausen

Zutaten für den Teig: 4 Eigelb, 2 Tassen Zucker, 1 Tasse Öl, 6 Hälften Kinderüberraschungsschokolade (geraspelt), 1 Tasse Fanta, 3 Tassen Mehl, 1 Pckg. Backpulver dazugeben, 4 Eiweiß
Zutaten für den Belag: 4 Dosen Mandarinen mit Saft, 2 Pckg. Tortenguß
Zutaten für die Glasur: 1 Becher Schlagsahne, 2 Eßl. Zucker, 2 Becher Schmand

Alle Zutaten für den Teig verrühren. Eiweiß steifschlagen und unterheben, bei 175 Grad backen. Mandarinen, Saft und Tortenguß andicken und auf den gebackenen Teig geben. Schlagsahne steifschlagen, Zucker und Schmand unterrühren und alles auf die Mandarinen geben. Zur Verzierung geraspelte Kinderschokolade (4 Hälften) darüberstreuen.

Die Schlümpfe

9 Stück 1991

Nr.	Name - Info	Preis DM
1	Kleines Schlumpfhaus	100
2	Großes Schlumpfhaus	100
3	Schlumpf im Fesselballon	100
4	Normalschlumpf	100
5	Papaschlumpf	100
6	Brillenschlumpf	100
7	Schlumpf-Windmühle	100
8	Schlumpf im Auto	100
9	Schlumpf im Flugzeug	100

Beipackzettel DM 50,-

Warner Brothers

10 Stück 1992

Nr.	Name - Info	Preis DM
1	Bugs Bunny im Omnibus	80
2	Tweety im Vogelkäfig und Sylverster Fahrzeug	80
3	Coyote im Dragster	80
4	Tweety und Sylvester mit Haus	80
5	Coyote mit Raketenrampe	80
6	Speedy Gonzales mit Haus	80
7	Bugs Bunny	60
8	Sylvester	60
9	Tweety	60
a	Tweety - Wimpern aufgenäht oder gedruckt, mit und ohne Schleife	60
10	Speedy Gonzales	60

Beipackzettel DM 30,-

Die Kroko-Schule **2 Stück 1992**

Nr.	Name - Info	Preis DM
1	Prof. K. Gnädig und Stefan Stulle im Schulhaus	60
2	Lisa Liebreiz und Rudi Riesenfelge auf dem Schiff	60

Tom und Jerry (Forts. nächste Seite) 11 Stück 1993

Nr.	Name - Info	Preis DM
1	Tom und Jerry mit Burg	60
2	Tom und Jerry mit Taverne	60
3	Tom	50
4	Jerry	50
5	Spike	50
6	Tom als Musketier	50
7	Jerry als Musketier	50

Beipackzettel DM 30,-

Tom und Jerry (Forts.) — 11 Stück 1993

Nr.	Name - Info	Preis DM
8	Spike und Tyke mit Hundehütte	50
9	Tom und Jerry im Raumschiff	50
10	Tom und Jerry beim Autoscooter	50
11	Tom und Jerry mit Floß	50

Snoopy

8 Stück 1994

Nr.	Name - Info	Preis DM
1	Snoopy mit Haus	50
2	Snoopy im Flugzeug	50
3	Snoopy mit Schiff	50
4	Snoopy (Belle T-Shirt)	40
5	Snoopy (I love you T-Shirt)	40
6	Snoopy (Beagle Scout T-Shirt)	40
7	Snoopy	40
8	Snoopy als Pilot	40

Leo Venturas

1 Stück 1994

Nr.	Name - Info	Preis DM
1	Ginetto Tronchetto und Lello Storello mit Haus	40

Die Badezimmerzwerge

1 Stück 1994

Nr.	Name - Info	Preis DM
1	Weißzahn und Guten Morgen Zwerg mit Haus	50

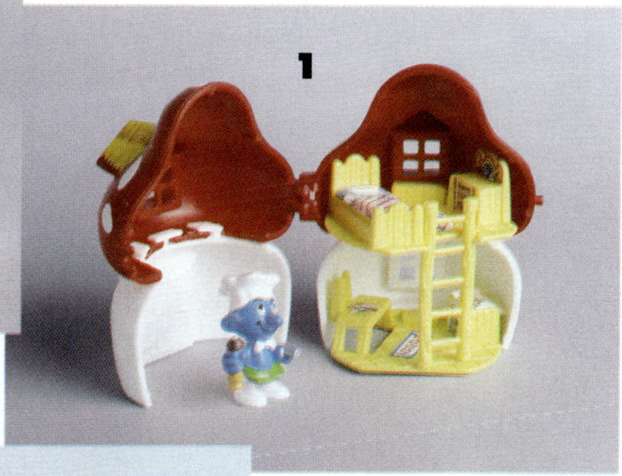

Die Schlümpfe — 3 Stück 1995

Nr.	Name - Info	Preis DM
1	Kochschlumpf mit Haus	30
2	Farmerschlumpf mit Traktor	35
3	Müllerschlumpf mit Windmühle	35

Die Schlümpfe — 7 Stück 1995

Nr.	Name - Info	Preis DM
1	Schlumpfturm	35
2	Schlumpfhängematte	30
3	Papaschlumpf	20
4	Schlumpfine mit Zöpfen	20
5	Farmerschlumpf	20
6	Normaler Schlumpf	20
7	Babyschlumpf	20

Plüschtiere

9 Stück 1995

Nr.	Name - Info	Preis DM
1	Tiger	20
2	Eisbär	20
3	Elefant	20
4	Igel	20
5	Bunter Elefant	20
6	Affe	20
7	Schildkröte	20
8	Eule	20
9	Robbe	20
10	Löwe	20

Pingui Beach

3 Stück 1995

Nr.	Name - Info	Preis DM
1	Lella Bibitella mit Iglubar	40
2	Clemente Salvagente mit Schiff	40
3	Nuccio Grantuffo und Luisella Tintarella am Pool	40

Wildwest-Fort

1 Stück 1995

Nr.	Name - Info	Preis DM
1	Metallfiguren mit Fort *	50
	* *Wild Bill, Samuel Bass, Crazy Horse und Red Cloud*	

Beipackzettel je DM 5,-

Holztiere **4 Stück 1995**

Nr.	Name - Info	Preis DM
1	Hund	18
2	Eule	18
3	Schaf	18
4	Hahn	18

Yogi Bear

6 Stück 1996

Nr.	Name - Info	Preis DM
1	Yogi und Ranger mit Blockhütte	40
2	Yogi und Cindy mit Haus	40
3	Yogi und Boo Boo mit Sumpfboot	40
4	Yogi und Cindy mit Zelt	40
5	Yogi und Boo Boo mit Hubsrauber	40
6	Yogi und Ranger beim Angeln	40

Verschiedene Plüschtiere

12 Stück 1996

Nr.	Name - Info	Preis DM
1	Boo Boo Bear	25
2	Fiber Fox	25
3	Cindy Bear	25
4	Yogi Bear	25
5	Ranger Smith	25
6	Vogelstrauß	25
7	Waschbär	25
8	Robbe	25
9	Hund mit Welpe	25
10	Katze	25
11	Esel	25
12	Garfield	80

Verschiedene Maxi-Überraschungen — 3 Stück 1996

Nr.	Name - Info	Preis DM
1	Squali Mami und Gransultan mit Palast	35
2	Gespenst mit Haus	35
3	Bauer Landluft mit Haus	30

Onken / Die Frufos-Family — 7 Stück 1994

Nr.	Name - Info	Preis DM
1	Fruci	2
2	Fruci-Fru	2
3	Finchen	2
4	Fropi	2
5	Frund	2
6	Frucschrauber	2
7	Bananosaurus Rex	2

Beipackzettel DM 1,-

Onken / Die Frufos-Family — 6 Stück 1994

Nr.	Name - Info	Preis DM
1	Fromi	2
2	Frupunk	2
3	Fruche	2
4	Früppchen	2
5	Frucianer	2
6	Frukete	2

Beipackzettel DM 1,-

Onken / Die Frufos-Family

6 Stück 1994

Nr.	Name - Info	Preis DM
1	Professor Frimm	2
2	Lucky Fruggy	2
3	Paula Plappermaul	2
4	Charly Schlaufuchs	2
5	Birnosaurus	2
6	Frummbär	2

Beipackzettel DM 1,-

Onken / Die Frufos-Farm

6 Stück 1994

Nr.	Name - Info	Preis DM
1	All-Lois	2
2	Turbo Chicky	2
3	Mister Ping	2
4	Satt Drei	2
5	Pulli	2
6	Ma Donna	2

Beipackzettel DM 1,-

Onken / Die Frufos-Farm

6 Stück 1994

Nr.	Name - Info	Preis DM
1	Kickero	2
2	Frucat	2
3	El Fruco	2
4	Miss S.O.S.	2
5	Piggy Putz	2
6	Rocky Bock	2

Beipackzettel DM 1,-

Onken / Die Frufos-Farm

6 Stück 1994

Nr.	Name - Info	Preis DM
1	Bella Beutel	2
2	Dirty Dancer	2
3	Maggy Manta	2
4	Bärchen Faulpelz	2
5	Schnickasso	2
6	Freddy Fischer	2

Beipackzettel DM 1,-

Onken / Die Frufos-Schule

6 Stück 1995

Nr.	Name - Info	Preis DM
1	Alpha Betos	2
2	Bea Booky	2
3	Pino Pinsel	2
4	Teddy Techno	2
5	Floppy Floss	2
6	Theo Tempel	2

Beipackzettel DM 1,-

Onken / Die Frumix

6 Stück 1995

Nr.	Name - Info	Preis DM
1	Big Nose	2
2	Lach-Sellit	2
3	Klammerufo	2
4	Quantengleiter	2
5	Erdbeerkreisel - © Bullyland	2
6	Schnarchmöndchen	2

Beipackzettel DM 1,-

Onken / Die Fruculas 1 — 6 Stück 1996

Nr.	Name - Info	Preis DM
1	Frucolix	2
2	Lord Frucula	2
3	Fruxos	2
4	Fruculinchen	2
5	Fruschreck	2
6	Frucufly	2

Beipackzettel
DM 1,-

Onken / Papageno Walking Heads & Walking Fruits — 6 Stück 1996

Nr.	Name - Info	Preis DM
1	Papageno	2
2	Catargo	2
3	Frumbo	2
4	Birne	2
5	Orange	2
6	Erdbeere	2

Beipackzettel
DM 1,-

Haribo Glücksbärchen **10 Stück 1995**

Nr.	Name - Info	Preis DM
1	Bärchen 1	3
2	Bärchen 2	3
3	Bärchen 3	3
4	Bärchen 4	3
5	Bärchen 5	3
6	Bärchen 6	3
7	Bärchen 7	3
8	Bärchen 8	3
9	Bärchen 9	3
10	Bärchen 10	3

Plüsch-Bären
- Klein DM 40,-
- Gross DM 70,-

Beipackzettel
DM 1,-

Displaybox DM 250,-

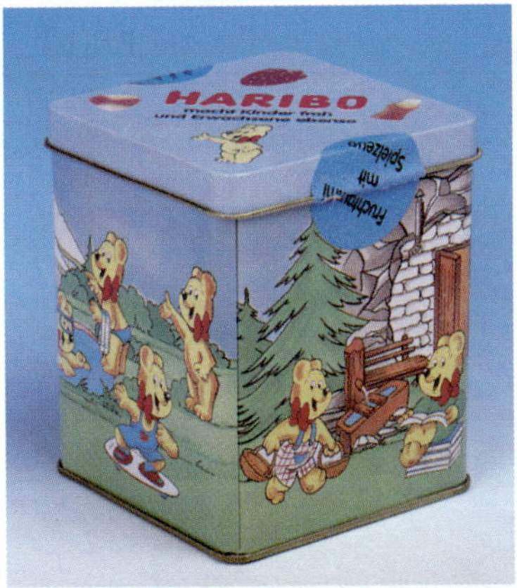

Blechdose
DM 15,-

Blechdose DM 10,-

Displaybox DM 200,-

Haribo Sportbären

13 Stück 1996

Nr.	Name - Info	Preis DM
1	Radfahrer	2
2	Läufer	2
3	Kanufahrer	2
4	Diskuswerfer	2
5	Fußballspieler	2
6	Kampfsportler	2
7	Gewichtsheber	2
8	Gerätturner	2
9	Boxer	2
10	Schwimmer	2
11	Tennisspieler	2
12	Volleyballspieler	2
13	Läufer schwarz	10

Puzzle DM 40,-

Beipackzettel
DM 1,-

Peter Pan

10 Stück 1994

Nr.	Name - Info	Preis DM
1	Peter Pan	14
2	Wendy	14
3	Campanellino	18
4	Michele	14
5	Gianni	14
6	Capitano Uncino	14
7	Spugna	14
8	Toro Sduto	14
9	Nana	14
10	Il Coccodrillo	14

Beipackzettel DM 4,-

Calimero

8 Stück 1994

Nr.	Name - Info	Preis DM
1	Priscilla	10
2	Gallettoni	10
3	Cerisa	10
4	Calimero	10
5	Maestro Gufo	10
6	Zio Giobatta	10
7	Papero Piero	10
8	Valeriano	10

Beipackzettel DM 3,-

Zaini / Yogi Baer

8 Stück 1994

Nr.	Name - Info	Preis DM
1	Yogi	4
2	Boo Boo	4
3	Cindy	4
4	Ranger	4
5	Chopper	4
6	Svicolone	4
7	Alfy Gator	4
8	Yogi	4

Beipackzettel DM 2,-

Zaini / Supermario

8 Stück 1996

Nr.	Name - Info	Preis DM
1	Mario mit Golfschläger	6
2	Mario mit Pilz	6
3	Mario mit Skateboard	6
4	Mario mit Tennisschläger	6
5	Gelber Drache	6
6	Schildkröte	6
7	Grüner Drache	6
8	Prinzessin	6

Beipackzettel DM 2,-

Tombola / Die Simpsons

5 Stück 1993

Nr.	Name - Info	Preis DM
1	Maggie	8
2	Bart	8
3	Lisa	8
4	Homer	8
5	Marge	8

Beipackzettel DM 3,-

Tombola / Tiny Toons

6 Stück 1994

Nr.	Name - Info	Preis DM
1	Babsi Bunny	6
2	Buster Banny	6
3	Hampton	6
4	Plucky	6
5	Elvira	6
6	Max Montana	6

Beipackzettel DM 3,-

Diorama DM 25,-

YOG'N TOYS

Anstecker DM 5,-

Schwälbchen / Yog'n Toys

25 Stück 1995

Nr.	Name - Info	Preis DM
1	Giraffe - © Bullyland	3
2	Elefant - © Bullyland	3
3	Grizzlybär - © Bullyland	3
4	Flamingo - © Bullyland	3
5	Strauß - © Bullyland	3
6	Braunbär - © Bullyland	3
7	Tiger - © Bullyland	3
8	Flußpferd - © Bullyland	3
9	Krokodil - © Bullyland	3
10	Kamel - © Bullyland	3
11	Nashorn - © Bullyland	3
12	Pandabär - © Bullyland	3
13	Pinguin - © Bullyland	3
14	Seeotter - © Bullyland	3
15	Koala - © Bullyland	3
16	Hyäne - © Bullyland	3
17	Schimpanse - © Bullyland	3
18	Mandrill - © Bullyland	3
19	Pelikan - © Bullyland	3
20	Zebra - © Bullyland	3
21	Löwe - © Bullyland	3
22	Eisbär - © Bullyland	3
23	Schildkröte - © Bullyland	3
24	Känguruh - © Bullyland	3
25	Delphin - © Bullyland	3

Spiel DM 10,-

Milka Kühe

10 Stück 1994

Nr.	Name - Info	Preis DM
1	Kuh mit Schild	14
2	Kuh mit Blumen	14
3	Kuh mit Babyflasche	14
4	Kuh Stopschild	14
5	Kuh mit Kamera	14
6	Kuh mit Gitarre	14
7	Kuh mit Hamburger	30
8	Kuh mit Schnuller	14

Beipackzettel DM 3,-

Funny Frisch / Snoopy und sein WM-Team

5 Stück 1994

Nr.	Name - Info	Preis DM
1	Snoopy	7
2	Charly Brown	7
3	Lucie	7
4	Linus	7
5	Fernseher	7

Beipackzettel DM 5,-

Bahlsen / Leibniz-Zoo-Tiere

12 Stück 1994

Nr.	Name - Info	Preis DM
1	Elefant	5
2	Strauß	5
3	Nilpferd	5
4	Bär	5
5	Löwe	5
6	Affe	5
7	Walroß	5
8	Kamel	5
9	Pinguin	5
10	Känguruh	5
11	Tyrannosaurus Rex	5
12	Krokodil	5

Beipackzettel DM 3,-

Das sind die tollen Leibniz-Zoo-Tiere zum Sammeln.

(D) Lesen und aufbewahren: Spielzeug nicht für Kinder unter 3 Jahren geeignet, da Kleinteile von Kleinkindern in den Mund genommen und verschluckt oder eingeatmet werden können.

(DK) *Her er de flotte Leibniz-dyr, du kan samle på.* Læses og gemmes: Legetøj ikke egnet til børn under 3 år, da smådele kan sluges.

(PL) *Wspaniele zwierzeczki Leibniz-Zoo do kolekcjonowania.* Przeczytac i zachowac: Zabawka nie nadaje sie dla dzieci ponizej 3 lat, poniewaz male czesci zabawki moglyby zostac przez nie polkniete lub wchloniete.

(H) *Ezek az izgalmas gyüjteni való Leibniz-Zoo állatok.* Olvasni és megőrizni: Három év alatti gyermekeknek nem megfelelő, mert a kisgyerekek szájukba vehetik vagy belélegezhetik.

CE Bahlsen • Hannover • Germany

Diorama zur Schimpy-Familie (nächste Seite) DM 250,-

Bahlsen / Die lustige Schimpy-Familie und ihre Strandwelt 18 Stück 1995

Nr.	Name - Info	Preis DM
1	Schimpy-Eiswagen	5
2	Schimpy-Strandgut	5
3	Daddy-Schimpy	5
4	Schimpy-Yuccapalme	5
5	Baby-Schimpy	5
6	Schimpy-Sonnenschirm	5
7	Granny-Schimpy	5
8	Schimpy-Sandförmchen	5
9	Schimpy-Strandkorb	5
10	Mummy-Schimpy	5
11	Schimpy-Ruderboot	5
12	Schimpy-Basketballkorb	5
13	Schimpy-Surfbrett	5
14	Schimpy-Kokospalme	5
15	Boby-Schimpy	5
16	Biby-Schimpy	5
17	Schuimpy-Segelboot	5
18	Schimpy-Luftmatratze	5

Beipackzettel DM 2,-

Bahlsen / Olympiade der Tiere **16 Stück 1996**

Diorama DM 200,-

Nr.	Name - Info	Preis DM
1	Fan Gruppe 1	3
2	Fan Gruppe 2	3
3	Fan Gruppe 3	3
4	Rex Runner	3
5	Larry Lifter	3
6	Siegerpodest mit Medallien	3
7	Olympia-Anzeigetafel	3
8	Oli Ogoshi	3
9	TV-Kamera	3
10	Peter Punch	3
11	Stevie Smash	3
12	Fußballtor mit Ball	3
13	Kevin Keeper	3
14	Fanclub-Button	3
15	Zieltor mit Stoppuhr	3
16	Autogrammkartenset (nächste Seite)	3

Beipackzettel DM 2,-

16

Bahlsen / Olympiade der Tiere

Puzzles je DM 7,-

Nestlé / Micky Maus und Freunde — 5 Stück 1995

Nr.	Name - Info	Preis DM
1	Goofy	10
2	Daisy Duck	6
3	Donald Duck	12
4	Minnie Maus	6
5	Micky Maus	15

Nestlé / Der König der Löwen-The Lion King 10 Stück 1995

Nr.	Name - Info	Preis DM
1	Pumbaa	5
2	Nala	5
3	Simba	5
4	Rafiky	5
5	Banzai	5
6	Zazu	5
7	Scar	5
8	Sarabi	5
9	Timon	5
10	Mufasa	5

Beipackzettel DM 2,-

Diorama DM 500,-

Nestlé / Pocahontas

12 Stück 1996

Nr.	Name - Info	Preis DM
1	Ratcliffe	3
2	John Smith	3
3	Pocahontas	3
4	Chief Powhatan	3
5	Kocoum	3
6	Wintouc	3
7	Nakoma	3
8	Thomas	3
9	Wiggins	3
10	Percy	3
11	Meeko	3
12	Flit	3

Diorama
DM 400,-

Beipackzettel
DM 1,-

Nestlé / Pocahontas 20 Stück 1996

Nr.	Name - Info	Preis DM
1	Fässer	4
2	Kanone	4
3	Schubkarre	4
4	Babykorb	4
5	Brotkorb und Wasserkrug	4
6	Rüstung	4
7	Goldsäcke	4
8	Windfang	4
9	Fell	4
10	Räucherständer	4
11	Feuerstelle	4
12	Lagerfeuer	4
13	Baum	4
14	Blumen	4
15	Baumstumpf	4
16	Wigwam 1	8
17	Feldbett	4
18	Kanu 1	4
19	Kanu 2	4
20	Wigwam 2	8

In Deutschland sind nur die 12 Figuren erschienen.

Dioramakoffer DM 300,-

Beipackzettel DM 2,-

Nestlé / Aladdin

22 Stück 1996

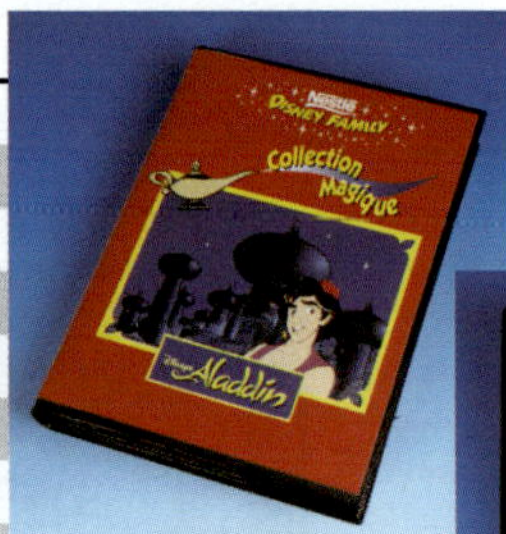

Nr.	Name - Info	Preis DM
1	Palme	4
2	Jafar	4
3	Schatztruhe	4
4	Altar	4
5	Genie ängstlich	4
6	Genie lachend	4
7	Basaar-Verkaufsstand	4
8	Rajah	4
9	Jafar als alter Mann	4
10	Jasmine liegend	4
11	Aladdin	4
12	Jasmin	4
13	Prince Ali	4
14	Sultan	4
15	Jago	4
16	Wunderlampe	4
17	Diwan	4
18	Kissen	4
19	Jafar	4
20	Käfer	4
21	Abu	4
22	Korb mit Früchten	4
23	Fliegender Teppich	4

Diorama
DM 400,-

Beipackzettel DM 2,-

Ciocori / Cerc' Affetto

12 Stück 1994

Nr.	Name - Info	Preis DM
1	Carlo	10
2	Riki	10
3	Cesare	10
4	Marco	10
5	Beppe	10
6	Pino	10
7	Leo	10
8	Marta	10
9	Aldo	10
10	Niccolo	10
11	Valentina	30
12	Sampa	30

Beipackzettel
je DM 3,-

Ciocori / Rock Band

24 Stück 1994

Nr.	Name - Info	Preis DM
1	E-Gitarre	10
2	Mischpult	10
3	Keyboard	10
4	Lautsprecher	10
5	Rock-Band-Display	10
6	Mikrofon	10
7	Notenständer	10
8	Verstärker	10
9	Schlagzeug	10
10	Beleuchtung	10
11	Lichtanlage	10
12	Percussion	10
13	Gio Coker	10
14	Al Trombone	10
15	Tina Dancer	10
16	Piano Lina	10
17	Michael Dance	10
18	Leon Le Bon	10
19	Kitty Vox	10
20	Basso Guitar	10
21	Max Sax	10
22	Lino Violino	10
23	Cocco Mix	10
24	King Collin	10

Beipackzettel je DM 3,-

bo frost®

Frische+Genuß tiefgekühlt direkt ins Haus

Bofrost / Die Micro-Autos **12 Stück 1995**

Nr.	Name - Info	Preis DM
1	Auto 1	5
2	Auto 2	5
3	Auto 3	5
4	Auto 4	5
5	Auto 5	5
6	Auto 6	5
7	Auto 7	5
8	Auto 8	5
9	Auto 9	5
10	Auto 10	5
11	Auto 11	5
12	Auto 12	5

Beipackzettel DM 4,-

Bofrost / Schimpanskis **6 Stück 1995**

Nr.	Name - Info	Preis DM
1	Romo	7
2	Papa Pascha	7
3	Jimi	7
4	Anabella	7
5	Lausi	7
6	Mama Tumbo	7

Beipackzettel DM 3,-

Bofrost / Alm-Kühe **6 Stück 1995**

Nr.	Name - Info	Preis DM
1	Karla	8
2	Resi	8
3	Marion	8
4	Ellen	8
5	Einzi	8
6	Bärbel	8

Beipackzettel DM 3,-

Bofrost / Pinguine

6 Stück 1995

Nr.	Name - Info	Preis DM
1	Ulli	8
2	Rolfi	8
3	Wolfi	8
4	Biggi	8
5	Hugo	8
6	Tom	8

Beipackzettel DM 3,-

Bofrost / Transformer-Cars

6 Stück 1995

Nr.	Name - Info	Preis DM
1	Red-Flash	5
2	Shadow-Racer	5
3	Lancer	5
4	Robo-Van	5
5	Off-Roader	5
6	Road-Buster	5

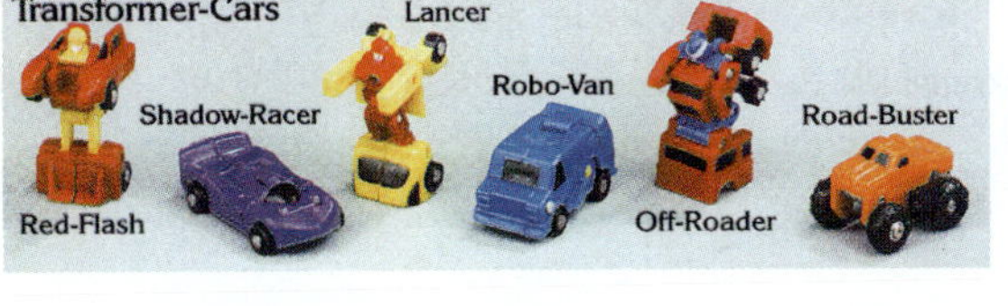

Beipackzettel DM 3,-

Bofrost / Kroko-Gang

6 Stück 1995

Nr.	Name - Info	Preis DM
1	Enu	8
2	Willy	8
3	Bolle	8
4	Robby	8
5	Spezi	8
6	der „Kleine"	8

Beipackzettel DM 3,-

Bofrost / Pumuckl

5 Stück 1995

Nr.	Name - Info	Preis DM
1	Pumuckl mit Schulranzen	8
2	Pumuckl	8
3	Pumuckl mit Brief	8
4	Pumuckl mit Pinsel	8
5	Pumuckl mit verbundenem Finger	8

Beipackzettel DM 3,-

Bofrost / Lustige Löwen **6 Stück 1995**

Nr.	Name - Info	Preis DM
1	Ludwig L.	8
2	Lena L.	8
3	Louis L.	8
4	Leo L.	8
5	Louise L.	8
6	Lia L.	8

Beipackzettel DM 3,-

Bofrost / Tolle Tiger **6 Stück 1995**

Nr.	Name - Info	Preis DM
1	Tatjana T.	8
2	Teo T.	8
3	Thekla T.	8
4	Tanja T.	8
5	Tibor T.	8
6	Toni T.	8

Beipackzettel DM 3,-

Bofrost / Die Hirtenhunde

6 Stück 1995

Nr.	Name - Info	Preis DM
1	Rififi	8
2	Bobo-Boxer	8
3	Relax-Max	8
4	Streichel-Susi	8
5	Wedel-Willi	8
6	Schau-Schau	8

Beipackzettel DM 3,-

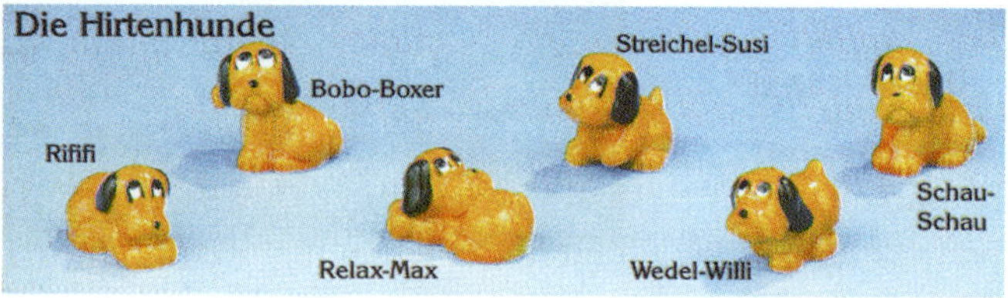

Bofrost / Cats

6 Stück 1996

Nr.	Name - Info	Preis DM
1	Mini	8
2	Minzi	8
3	Michou	8
4	Schnurri	8
5	Mauz	8
6	Miez	8

Beipackzettel DM 3,-

Bofrost / Bäh-Lämmert **6 Stück 1995**

Nr.	Name - Info	Preis DM
1	Bäh-rnd	8
2	Bäh-tina	8
3	Bäh-rti	8
4	Bäh-la	8
5	U-bäh	8
6	Bäh-linda	8

Beipackzettel DM 3,-

Bofrost / Die Schneemänner **6 Stück 1995**

Nr.	Name - Info	Preis DM
1	Snobby	8
2	Pelle	8
3	Paul	8
4	Bob	8
5	Flöckchen	8
6	Yeti	8

Beipackzettel DM 3,-

Bofrost / Die bayrischen Gaudi-Zwerge

5 Stück 1995

Nr.	Name - Info	Preis DM
1	Xaverl	8
2	Gustl	8
3	Franzl	8
4	Beppo	8
5	Seppl	8

Beipackzettel DM 3,-

Bofrost / Trödel-Tortugas

6 Stück 1995

Nr.	Name - Info	Preis DM
1	Trampo	8
2	Schlampi	8
3	Kugel	8
4	Friendly	8
5	Liego	8
6	Jumpo	8

Beipackzettel DM 3,-

Bofrost / Kinder dieser Welt

10 Stück 1995

Nr.	Name - Info	Preis DM
1	Raja	8
2	India	8
3	Mexi	8
4	Tommi	8
5	Meisje	8
6	Ahmet	8
7	Yao	8
8	Yoko	8
9	Juan	8
10	Lasse	8

Beipackzettel DM 3,-

Bofrost / Bunte Mini-Dinos

4 Stück 1995

Nr.	Name - Info	Preis DM
1	Bronto	8
2	Tritops	8
3	Stego	8
4	Tyrano	8

Beipackzettel DM 3,-

Eldorado / Eldo Explorer

10 Stück 1995

Nr.	Name - Info	Preis DM
1	Löwe mit Fernglas	8
2	Löwe mit Fahne	8
3	Löwe mit Kanu	8
4	Löwe mit Jeep	8
5	Löwe mit Motorrad	8
6	Löwe mit Eis	8
7	Löwe als Bergsteiger	8
8	Löwe mit Sandwich	8
9	Löwe als Schwimmer	8
10	Löwe mit Kamera	8

Display DM 400,-

Mars / Super Mario

5 Stück 1994

Nr.	Name - Info	Preis DM
1	Mario	3
2	Dino	3
3	Glückpilz	3
4	Prinzessin	3
5	Luigi	3

Topo Gigio / La Souris Sportive

10 Stück 1995

Nr.	Name - Info	Preis DM
1	Base Ball Han	4
2	Pilote	4
3	Randonneur	4
4	Boxeur	4
5	Skieur	4
6	Golfeur	4
7	Plongeur	4
8	Cavalier	4
9	Basketteur	4
10	Tennis Man	4

Beipackzettel DM 2,-

Loacker / Zwerge

8 Stück 1995

Nr.	Name - Info	Preis DM
1	Nocciolo	6
2	Naturello	6
3	Granello	6
4	Cremino	6
5	Lattarello	6
6	Mestolo	6
7	Mimmola	6
8	Dolcino	6

Barilla / I Nottambuli

19 Stück 1994

Nr.	Name - Info	Preis DM
1	Figur 1	9
2	Figur 2	9
3	Figur 3	9
4	Figur 4	9
5	Figur 5	9
6	Figur 6	9
7	Figur 7	9
8	Figur 8	9
9	Figur 9	9
10	Figur 10	9
11	Figur 11	9
12	Figur 12	9
13	Figur 13	9
14	Figur 14	9
15	Figur 15	9
16	Figur 16	9
17	Figur 17	9
18	Figur 18	9
19	Figur 19	9

Bauli / Gli Indiani **8 Stück 1995**

Nr.	Name - Info	Preis DM
1	Criniera Di Bisonte	7
2	Piccolo Orso	7
3	Alce Scalciante	7
4	Aquila Nel Vento	7
5	Luna D'Argento	7
6	Tuono Rosso	7
7	Nuvola Bianca	7
8	Lupo Che Danza	7

PENNALILLA

NUVOLA BIANCA
AQUILA NEL VENTO
CRINIERA DI BISONTE

Colleziona i Pennalilla. Ne trovi uno in ogni Panettone e Pandoro dei Piccoli in astuccio.

TUONO ROSSO
LUPO CHE DANZA
ALCE SCALCIANTE
LUNA D'ARGENTO
PICCOLO ORSO

GLI INDIANI

Forse non tutti sanno che gli Indiani non conoscevano la ruota, i metalli, l'alfabeto e non avevano mai visto un cavallo.
Nonostante ciò, avevano sviluppato una civiltà molto evoluta e sofisticata.
Invece della ruota usavano slitte e piani inclinati.
Al posto dei metalli, per costruire armi e utensili, scheggiavano la pietra e lavoravano il corno, l'osso e il legno.
Per comunicare, i concetti venivano espressi con pitture simboliche su pelli o pezzi di corteccia, oppure con complicati ricami di conchiglie su cinture di cuolo chiamate wampum.
Dopo l'arrivo dei bianchi nel Nuovo Mondo, alcuni dei loro cavalli fuggirono dagli accampamenti e, nel giro di qualche anno, si formarono innumerevoli branchi di animali selvaggi, i mustang.
Gli Indiani, abili cacciatori, ebbero così a disposizione un animale che sarebbe diventato indispensabile per allargare i territori di caccia, utile per compiere migrazioni stagionali più veloci e con carichi più consistenti ed infine per attuare più elaborate strategie di battaglia.

Bauli

GRANDE CONCORSO
Cerca il Capo Indiano nelle confezioni di Panettone e Pandoro dei Piccoli Bauli in astuccio e in lattina. Potrai vincere...

Con il Natale arriva il tempo dei doni. Se trovi il Capo Indiano, Bauli sarà felice di regalarti uno degli splendidi giochi che Lego ha scelto tra le numerose proposte per il Natale 94.

LEGO

guzzini
Con te, vince anche la tua mamma un pratico Portatutto Guzzini.

Beipackzettel DM 3,-

Findus / Sorrisini Supersport **10 Stück**

Nr.	Name - Info	Preis DM
1	Baseballspieler	8
2	Bogerschütze	8
3	Gewichtheber	8
4	Basketballspieler	8
5	American Footballspieler	8
6	Skateboardfahrerin	8
7	Tennisspieler	8
8	Boxer	8
9	Fußballer	8
10	Skifahrer	8

Beipackzettel DM 3,-

Findus / Sorrisini Supersport

12 Stück

Nr.	Name - Info	Preis DM
1	Turner	8
2	Fechter	8
3	Turnerin	8
4	Tennisspielerin	8
5	Taucher	8
6	Hockeyspieler	8
7	Surfer	8
8	Kanufahrer	8
9	Judokämpfer	8
10	Handballer	8
11	Eishockeyspieler	8
12	Bergsteiger	8

Beipackzettel DM 3,-

Findus / Sorrisini Superstory

12 Stück

Nr.	Name - Info	Preis DM
1	Homo	6
2	Cleo	6
3	Iulius	6
4	Olaf	6
5	Lanciotto	6
6	Carolingia	6
7	Tortuga	6
8	Spadagnan	6
9	Napo	6
10	Raggio di Luna	6
11	Al Sorrisone	6
12	Apollo	6

Beipackzettel DM 3,-

Findus / Colleziona le Famiglie del Soniso 12 Stück 1996

Nr.	Name - Info	Preis DM
1	La Famiglia Riccettini - Papà Rocco	5
2	La Famiglia Riccettini - Mamma Virginia	5
3	La Famiglia Riccettini - Tobia	5
4	La Famiglia Riccettini - Paolino	5
5	La Famiglia Serpentini - Papà Ivo	5
6	La Famiglia Serpentini - Mamma Ortensia	5
7	La Famiglia Serpentini - Ivano	5
8	La Famiglia Serpentini - Luigino	5
9	La Famiglia Cangurini - Papà Baldo	5
10	La Famiglia Cangurini - Mamma Ornella	5
11	La Famiglia Cangurini - Bingo	5
12	La Famiglia Cangurini - Pepita	5

Beipackzettel DM 2,-

Borgmann / Käpt'n Kuck

6 Stück 1995

Nr.	Name - Info	Preis DM
1	Rote Figur mit Fernrohr	4
2	Lila Figur	4
3	Gelbe Figur mit Planet Erde	4
4	Raumschiff	4
5	Blaue Figur mit Raumschiff	4
6	Blaue Figur	4

Diorama DM 200,-

Borgmann / Käpt'n Kuck

6 Stück 1996

Nr.	Name - Info	Preis DM
1	Käpt'n Kuck 1	5
2	Käpt'n Kuck 2	5
3	Käpt'n Kuck 3	5
4	Käpt'n Kuck 4	5
5	Käpt'n Kuck 5	5
6	Käpt'n Kuck 6	5
7	Käpt'n Kuck 7	5

Erdal-Rex / Frösche 3 Stück 1995

Nr.	Name - Info	Preis DM
1	Frosch mit Badetuch und Seestern	5
2	Frosch mit Badetuch und Buch	5
3	Frosch mit Luftmatratze	5

Diorama DM 250,-

Coppenrath & Wiese / Benjamin Blümchen 6 Stück 1996

Nr.	Name - Info	Preis DM
1	Benjamin Blümchen	3
2	Herr Leporello	3
3	Otto	3
4	Gulliver	3
5	Hipp und Hopp	3
6	Beppo	3

Beipackzettel
DM 1,-

Brand / Die kleine Spuki-Geister Bande — 6 Stück 1995

Nr.	Name - Info	Preis DM
1	Party-Spuki	5
2	Kraftprotz-Spuki	5
3	Scheffel-Spuki	5
4	Sternguck-Spuki	5
5	Spider-Spuki	5
6	Vampir-Spuki	5

Beipackzettel DM 3,-

Display
DM 200,-

Brand / Wunder-Spukis — 6 Stück 1996

Nr.	Name - Info	Preis DM
1	Geist mit Laterne	5
2	Geist in Ketten	5
3	Geist mit Rüstung	5
4	Geist	5
5	Geist mit Katze	5
6	Geist mit Gitarre	5

Palettenanhänger DM 3,-

Power Rangers

17 Stück 1995

Nr.	Name - Info	Preis DM
1	Mastodon	2
2	Tyrannosaurus Rex	2
3	Pterodactyl	2
4	Red Ranger	2
5	Blue Ranger	2
6	Yellow Ranger	2
7	Pink Ranger	2
8	Green Ranger	2
9	Black Ranger	2
10	Triceratops	2
11	Sabre-Tooth	2
12	Squatt	2
13	Goldar	2
14	Baboo	2
15	Rita Repulsa	2
16	King Sphinx	2
17	Putty Patrol	2

Beipackzettel
DM 2,-

Schöller / Koalas

8 Stück 1996

Nr.	Name - Info	Preis DM
1	Koala mit Bogen	4
2	Koala als Farmer	4
3	Koala mit Fernglas	4
4	Koala als Taucher	4
5	Koala mit Trommel	4
6	Koala mit Bumerang	4
7	Krokodil	4
8	Papagei	4

Display DM 400,-

Boucher / Die sportlichen Kühe

6 Stück 1995

Nr.	Name - Info	Preis DM
1	Billy Ball	5
2	Detlev Degen	5
3	Bernie Boxer	5
4	Pauli Pause	5
5	Gustav Gymnastik	5
6	Hansi Hantel	5

Beipackzettel
DM 2,-

Eismann / Eddy & Co — 8 Stück 1996

Nr.	Name - Info	Preis DM
1	Eddy	5
2	Eddy mit Fischstäbchen	5
3	Trixi mit Eis	5
4	Trixi mit Ball	5
5	Johnny mit Pizza	5
6	Johnny mit Löffel	5
7	Bonny mit Eis	5
8	Bonny mit Hamburger	5

Beipackzettel DM 2,-

Die Flugbärchen kommen — 5 Stück 1994

Nr.	Name - Info	Preis DM
1	Plato	5
2	Jasmine	5
3	Lotus	5
4	Tina	5
5	Walt	5

Beipackzettel DM 2,-

Flintstones

14 Stück 1994

Nr.	Name - Info	Preis DM
1	Peples	5
2	Wilma	5
3	Fred	5
4	Betty	5
5	Barney	5
6	Bam-Bam	5
7	Sheron Stone	5
8	*(Name unbekannt)*	5
9	*(Name unbekannt)*	5
10	Dreirad 1	5
11	Dreirad 2	5
12	Auto 1	5
13	Auto 2	5
14	Auto 3	5

Piasten / Abenteuer Tour Bären

5 Stück 1996

Nr.	Name - Info	Preis DM
1	Bär 1	3
2	Würfel	3
3	Bär 2	3
4	Bär 3	3
5	Bär 4	3

a=Autos · ah =Andere Hersteller · bal=Balgenfiguren · bs=Bausatz · fl=Flugzeuge h=Hartplastik · ho=Hohlkörperfiguren · hst=Hartplastik-Steckfiguren hz=Holzspielzeug · ka=Kameras · me=Metall · mx=Maxi · pp=Plastikpuzzle sh=Schiffe · st=Steckfiguren ·ti=Tiere · to=Tonfiguren · z=Züge

a=Autos · ah =Andere Hersteller · bal=Balgenfiguren · bs=Bausatz · fl=Flugzeuge h= Hartplastik · ho=Hohlkörperfiguren · hst=Hartplastik-Steckfiguren hz=Holzspielzeug · ka=Kameras · me=Metall · mx=Maxi · pp=Plastikpuzzle sh=Schiffe · st=Steckfiguren ·ti=Tiere · to=Tonfiguren · z=Züge

a=Autos · ah =Andere Hersteller · bal=Balgenfiguren · bs=Bausatz · fl=Flugzeuge h=Hartplastik · ho=Hohlkörperfiguren · hst=Hartplastik-Steckfiguren hz=Holzspielzeug · ka=Kameras · me=Metall · mx=Maxi · pp=Plastikpuzzle sh=Schiffe · st=Steckfiguren ·ti=Tiere · to=Tonfiguren · z=Züge

a=Autos · ah =Andere Hersteller · bal=Balgenfiguren · bs=Bausatz · fl=Flugzeuge h= Hartplastik · ho=Hohlkörperfiguren · hst=Hartplastik-Steckfiguren hz=Holzspielzeug · ka=Kameras · me=Metall · mx=Maxi · pp=Plastikpuzzle sh=Schiffe · st=Steckfiguren ·ti=Tiere · to=Tonfiguren · z=Züge

Gruppenname	Kategorie	Seitenzahl
Die Sieben Zwerge	h	56
Die Superstarken im Weltraum	st	39
Die Tapsi Törtels	h	76
Die Welt der Dampfloks	z	357
Die Zunft der Zwerge	h	114
Dinosaurier	ho	280
Disney Figuren	st	156
Disney-Radierer	sp	302
Donald und seine Freunde	st	161
Donald und seine Freunde auf Safari	st	162
Donalds flotte Familie	h	78
Dorfteich Puzzle	pp	267
Drachenbande	bal	256
Dragster	a	332
Dragster Racing	a	349
Drei Freunde vom Mars	bal	256
Dschungelbuch	h	68
Edle Metall-Oldtimer	a	346
Edle Sportwagen	a	348
Ein Inder der sein Land nie sah...	st	186
Ein Pharao und seine Soldaten	h	44
Eisenbahn von Roth-Design	a	41
Eishockey	st	188
Eismann / Eddy & Co	an	437
Eldorado / Eldo Explorer	an	424
Elefanten Spardosen	ho	289
Elliot das Schmunzelmonster	hst	155
Endspurt Ziel	sh	366
Erdal-Rex / Frösche	an	433
Eulen	pp	266
Fahrzeuge mit Anhänger	a	352
Fahrzeuge mit Anhänger	a	354
Fahrzeuge mit Schwungrad	a	354
Fahrzeuge von Roth-Design	a	41
Fallschirmspringer	ho	281
Fantasia Cars 1+2	a	310
Fantasia-Kraken	ho	288
Faszinierendes Afrika	vst	209
Faszinierendes Afrika-Puzzle	pp	273
Felix	st	157
Ferieninsel	pp	265

a=Autos · ah =Andere Hersteller · bal=Balgenfiguren · bs=Bausatz · fl=Flugzeuge h=Hartplastik · ho=Hohlkörperfiguren · hst=Hartplastik-Steckfiguren hz=Holzspielzeug · ka=Kameras · me=Metall · mx=Maxi · pp=Plastikpuzzle sh=Schiffe · st=Steckfiguren ·ti=Tiere · to=Tonfiguren · z=Züge

a=Autos · ah =Andere Hersteller · bal=Balgenfiguren · bs=Bausatz · fl=Flugzeuge h= Hartplastik · ho=Hohlkörperfiguren · hst=Hartplastik-Steckfiguren hz=Holzspielzeug · ka=Kameras · me=Metall · mx=Maxi · pp=Plastikpuzzle sh=Schiffe · st=Steckfiguren ·ti=Tiere · to=Tonfiguren · z=Züge

a=Autos · ah =Andere Hersteller · bal=Balgenfiguren · bs=Bausatz · fl=Flugzeuge h= Hartplastik · ho=Hohlkörperfiguren · hst=Hartplastik-Steckfiguren hz=Holzspielzeug · ka=Kameras · me=Metall · mx=Maxi · pp=Plastikpuzzle sh=Schiffe · st=Steckfiguren ·ti=Tiere · to=Tonfiguren · z=Züge

a=Autos · ah =Andere Hersteller · bal=Balgenfiguren · bs=Bausatz · fl=Flugzeuge h=Hartplastik · ho=Hohlkörperfiguren · hst=Hartplastik-Steckfiguren hz=Holzspielzeug · ka=Kameras · me=Metall · mx=Maxi · pp=Plastikpuzzle sh=Schiffe · st=Steckfiguren ·ti=Tiere · to=Tonfiguren · z=Züge

a=Autos · ah =Andere Hersteller · bal=Balgenfiguren · bs=Bausatz · fl=Flugzeuge h= Hartplastik · ho=Hohlkörperfiguren · hst=Hartplastik-Steckfiguren hz=Holzspielzeug · ka=Kameras · me=Metall · mx=Maxi · pp=Plastikpuzzle sh=Schiffe · st=Steckfiguren ·ti=Tiere · to=Tonfiguren · z=Züge

a=Autos · ah =Andere Hersteller · bal=Balgenfiguren · bs=Bausatz · fl=Flugzeuge h=Hartplastik · ho=Hohlkörperfiguren · hst=Hartplastik-Steckfiguren hz=Holzspielzeug · ka=Kameras · me=Metall · mx=Maxi · pp=Plastikpuzzle sh=Schiffe · st=Steckfiguren ·ti=Tiere · to=Tonfiguren · z=Züge

a=Autos · ah =Andere Hersteller · bal=Balgenfiguren · bs=Bausatz · fl=Flugzeuge h=Hartplastik · ho=Hohlkörperfiguren · hst=Hartplastik-Steckfiguren hz=Holzspielzeug · ka=Kameras · me=Metall · mx=Maxi · pp=Plastikpuzzle sh=Schiffe · st=Steckfiguren ·ti=Tiere · to=Tonfiguren · z=Züge

a=Autos · ah =Andere Hersteller · bal=Balgenfiguren · bs=Bausatz · fl=Flugzeuge h=Hartplastik · ho=Hohlkörperfiguren · hst=Hartplastik-Steckfiguren hz=Holzspielzeug · ka=Kameras · me=Metall · mx=Maxi · pp=Plastikpuzzle sh=Schiffe · st=Steckfiguren ·ti=Tiere · to=Tonfiguren · z=Züge

a=Autos · ah =Andere Hersteller · bal=Balgenfiguren · bs=Bausatz · fl=Flugzeuge h=Hartplastik · ho=Hohlkörperfiguren · hst=Hartplastik-Steckfiguren hz=Holzspielzeug · ka=Kameras · me=Metall · mx=Maxi · pp=Plastikpuzzle sh=Schiffe · st=Steckfiguren ·ti=Tiere · to=Tonfiguren · z=Züge

a=Autos · ah =Andere Hersteller · bal=Balgenfiguren · bs=Bausatz · fl=Flugzeuge h= Hartplastik · ho=Hohlkörperfiguren · hst=Hartplastik-Steckfiguren hz=Holzspielzeug · ka=Kameras · me=Metall · mx=Maxi · pp=Plastikpuzzle sh=Schiffe · st=Steckfiguren ·ti=Tiere · to=Tonfiguren · z=Züge

ZUM SUPER-SPORTJAHR`96
HOLT EUCH DIE GOLDBÄREN-SPORT-FIGUREN!
12 VERSCHIEDENE GOLDBÄREN-SPORTFIGUREN ZUM SAMMELN,TAUSCHEN UND SPIELEN!
HARIBO
GLÜCKSBOX
Mit Goldbär Sport-Figur zum Sammeln und Tauschen!
HARIBO MACHT KINDER FROH
4
JEDER BEUTEL MIT 1 GOLDBÄREN-SPORTFIGUR UND 100g GOLDBÄREN
15
HARIBO macht Kinder froh und Erwachsene ebenso

COLLECTOR

Wer's genau wissen will...

Der internationale
„Bonello's Swatch-Collector Katalog für Swatch-Uhren"
Ausgabe 1996
- über 2000 farbige Abbildungen
- Sammlerpreise in 7 verschiedenen Währungen

Der Katalog enthält alle Modelle von 1983 bis 1996.
Taschenbuch, Format DIN A5

DM 39,-
zuzügl. DM 5,- (D)/16,- (EU) Porto
ISBN 3-929025-18-3

Neue Auflage 1996/1997!

Der Verkaufsschlager des Sammelbereiches Spielzeug aus Schokoladeneiern.
Ca. 4.000 Objekte sind auf ca 500 durchgehend farbigen Seiten dargestellt.

- Figuren, Autos, Flugzeuge, Schiffe, Hohlkörperfiguren, Spardosen, Balgfiguren und Plastikpuzzles von Ferrero
- Objekte anderer Hersteller wie z.B. Bahlsen, Onken, Nestlé, Haribo und Schwälbchen
- aktuelle Marktpreise

Hardcover, Format DIN A5
DM 36,-
zuzügl. DM 5,- (D) / 16,- (EU) Porto
ISBN 3-929025-19-1

Neu! Taschenausgabe
Paperback, Format DIN A6
DM 19,80
zuzügl. DM 5,- (D) / 16,- (EU) Porto
ISBN 3-929025-15-9

PEZ- Collector
Die praktische Übersicht für Sammler und Freunde von PEZ-Spendern.

- viele s/w Abbildungen
- aktuelle Marktpreise
- im handlichen Postkartenformat

Broschur, Format DIN A6

DM 10,-
zuzügl. DM 3,- (D) / 5,- (EU) Porto
ISBN 3-929025-12-4

Katalog
EDGAR - AUF DER KARTE
SAMMLER-UHREN

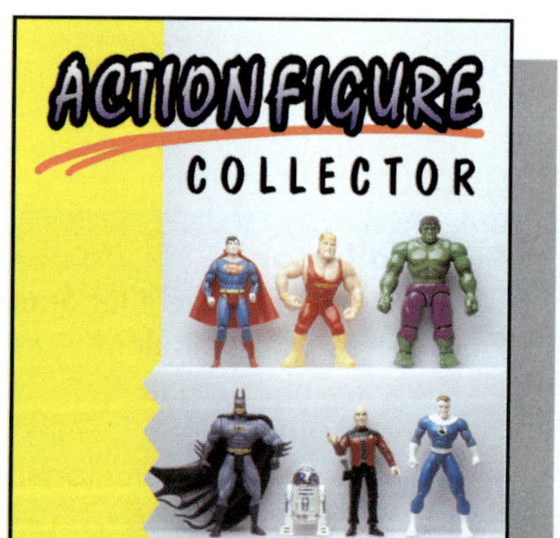
ACTION FIGURE
COLLECTOR
SAMMLER-UHREN

Mini Flacons International

Mehr als 3300 farbige Abbildungen von Parfüm-Miniaturen aus aller Welt. Auf 480 Seiten erhalten Sie einen Überblick sämtlicher führenden Marken und Düfte.

- nach Firmennamen sortierter Bildteil
- Anhang enthält einen nach Duftnamen sortierten Index
- alle Erklärungen viersprachig

Taschenbuch, Format DIN A5

DM 59,-

zuzügl. DM 5,- (D) / 16,- (EU) Porto

ISBN 3-929025-06-X

Mini Flacons International, Band 2

Ergänzungsband zum abgebildeten Katalog, enthält ca. 2000 weitere Parfüm-Miniaturen aus aller Welt.

- alle Abbildungen in Farbe
- viersprachig

DM 49,-

zuzügl. DM 5,- (D) / 16,- (EU) Porto

ISBN 3-929025-13-2

Preisliste Mini Flacons '96

Der Preisführer mit den aktuellen Sammlerwerten in $, DM und FF.

Achtung: Nur solange der Vorrat reicht!

DM 18,-

zuzügl. DM 3,- (D) / 5,- (EU) Porto

Coupon bitte ausgefüllt abschicken an/ *please send order form to:*

SU Verlag · Herderstr. 28 · D-65185 Wiesbaden · Germany · Fax: 0611 / 9 90 81 11

NICHT VERGESSEN! Scheck beilegen oder Einzugsermächtigung ausfüllen!
DON'T FORGET to fill in your address and credit card information!

Ich bestelle folgende(n) Katalog(e)/ *I order the following catalogue(s):*

- ☐ "Katalog - Spielzeug aus dem Ei" Hardcover
- ☐ "Katalog - Spielzeug aus dem Ei" Taschenausgabe
- ☐ "Mini Flacons International"
- ☐ "Mini Flacons International II"
- ☐ "Preisliste zu Mini Flacons"
- ☐ "Katalog für Swatch-Uhren"
- ☐ "Katalog - Edgar auf der Karte"
- ☐ "Action Figure Collector"

EUROPE COUPON

Adresse/ *Address:*

Name ______________________

____

Straße
Street ______________________

PLZ/Ort
ZIP/City ______________________

Land
Country ______________________

Telefon
Phone ______________________

Telefax
Fax ______________________

Unterschrift
Signature ______________________

Nur für Deutschland !
Only for Germany !

☐ Ich bezahle mit beiliegendem Scheck

☐ Bitte buchen Sie DM_______ von meinem

Konto Nr. ______________________

BLZ ______________________

Bank ______________________ ab.

Ich bezahle mit Kreditkarte:
These are my credit card informations:

☐ American Express

☐ VISA

☐ Eurocard/ Mastercard

Nr. ______________________

gültig bis ______________________
valid thru

____
Datum/Unterschrift
Date/Signature

Achtung! Lieferung per Nachnahme ist leider nicht möglich · *Sorry, no cash on delivery!*
Versand in Deutschland DM 5,-- · Shipping within Europe DM 16,-

Die Diorama Bastelbögen

"Herbert und seine Kapelle"

Dieser Bogen ist ein Diorama für Ihre Top Ten Teddies 1996® von Ferrero©

Streng Limitiert auf 6000 Stück Nummer auf der Rückseite

Alle Preise zzgl. Versand ohne Figuren

"Squalimama und ihr Gefolge"

Dieser Bogen ist ein Diorama für Ihre Squalibabá 1995® von Ferrero© Italy

Die Vorlagen für diese Bastelbögen sind handgezeichnet und haben dadurch natürliche Farben und Formen

Versandkosten:
Mengenabhängig zwischen 3 - 6 DM
Versand nur gegen Vorkasse(Bar ,V-Scheck)
Bei Nachnahme plus 6DM NN-Gebühr
Weitere Bögen in Planung

Figuren können sie auch von uns beziehen

Schrage Design
Versandadresse
(Kein Ladengeschäft)
Krähenhorst 6
22869 Schenefeld
Telefon 040/83932158
Fax 040/83932159

Eiersachen im Internet

schau doch mal nach

SU Verlag Homepage
http://ourworld.compuserve.com/homepages/collectors_book.htm

Sandra's Kinder Home Page
http://www.mackerel.com/folk/personals/kinder.htm

The Joy of kinder Surprise
http://opera.cit.gu.edu.au/kinderSurprise.htm

KINDER...
http://ourworld.compuserve.com/homepages/RSchaefer_2/hob_egg.htm

Da draußen ist noch viel mehr...

Toymania Land 2000

Ihre Spezialisten für Überraschungsei-Figuren

- nur Orginalteile!!! -

aktuelle Liste gegen 5,- Porto anfordern
(wird bei 1. Bestellung verrechnet)

Jeden Monat TOP-ANGEBOTE!

Super-Spar-Paket:

50 Ü-Ei Figuren gemischt 59,-
(zzgl. Porto 9,- per Nachnahme zzgl. 14,-)

Ja ja,
in jedem 7. Ei da
war'n wir mal dabei. Ob Puzzles,
Kameras oder Figuren, wir bringen
Ihre Sammlung preisgünstig voll
auf Touren!

Dauer Niedrig Preis
1 Satz Happy Hippo Company
nur 14,96 DM (zzgl. Porto)

- LADEN UND VERSAND -

Wir veranstalten die

Hamburger Ü-Ei-Börse

Termine: Samstag 7.12.1996
Samstag 3.5.1997
Samstag 6.12.1997

Ort:Markthalle
Klosterwall 9
20095 Hamburg
(200 m vom Hauptbahnhof)
von 10 - 17 Uhr

Veranstalter:
COMIC-LADEN KOLLEKTIV
Fruchtallee130
20259 Hamburg
Info: Tel 040/407781
Fax 040/4908363

DER Ü-EI-LADEN IN HAMBURG

Tausende von Überraschungseier-Figuren vorrätig, Hunderte Metallfiguren, viele komplette Sätze, Raritäten, Einzelfiguren von 1972-1996, Puzzle, BPZ, Dioramen, Fachzeitschriften, Bewertungskataloge, Spielzeug, Autos, Steckfiguren usw.

STÄNDIGER ANKAUF!!
COMIC-LADEN-Kollektiv
ANKAUF-VERKAUF-TAUSCH
Fruchtallee 130, 20259 Hamburg
Ecke Heußweg, zwischen U-Bahn
Osterstraße und Emilienstraße (U2)
Tel.: 040/407781

Öffnungszeiten: Mo-Fr 10.00 - 18.30 Uhr
Sa 10.00 - 14.00 Uhr

Versandliste gegen DM 2,-
Rückporto anfordern!

Sonderangebot Dioramen:

Peppy Pingo Party	DM 255.00
Dapsy Dinos	DM 255,00
Funny Fanten	DM 265.00
Bingo Birds (NEU)	DM 265,00
Teddy-Bastelbogen	DM 29,80

viele weitere im Angebot

Außerdem im Angebot: COMICS, ROMANHEFTE, COMICFIGUREN

Preis Oase Versand
Ihr Experte für ausländische Figuren aller Art und mehr!!!
NEU!
Überraschungs-Shop
Fachgeschäft am Starnberger See
Andechser Straße 40
82319 Starnberg-Söcking
Ladenöffnungszeiten:
Telefonisch erfragen
Super-Angebote für Überraschungseier, Figuren und vieles mehr.
Thekendisplay
Maxieier
3-er Packs
Wunderkugeln
Dioramen
Häuser
Puzzle
Figuren
Auto´s
Nestlé
Milka
Tombola
Barilla
Rick
Bauli
Ferrero
Zaini
Motta
Findus
Loacker
Haribo
• Kostenlose Preisliste anfordern, jeden Monat neu! •
Abbildungen © Nestlé, © Disney
Postanschrift:
Th. Albrecht
Egererstraße 3a
82319 Starnberg
Tel. (08151) 28010
Fax (08151) 28038
Laden Tel./Fax (08151) 28084
Auto Tel. (0172) 8609742

ANKAUF - VERKAUF - TAUSCH

Sammlerin von Überraschungseierfiguren und vielem mehr!!

Suche noch etliche Raritäten wie alle nicht abgebildeten Hartplastikfiguren, z. B. Hunde, Piratenfarbvarianten usw.
Suche 'Palettenanhänger von Tapsi-Törtels (86) und Happy Frogs. Ich zahle je bis zu DM 500,- .

Suche Wiking-Kopie Mercedes 540 K. Suche Spielzeugpuzzle Benelux K96 144!! Suche alte Rückseiten von Kinderschokoladenpackungen, alte Werbung von Ferrero auch aus Micky-Maus-Heften, suche alte Duplo- und Hanuta-Bilder, sowie Nutella-Deckelinhalte. Suche Eierhütchen von Bambi, usw. Wer hilft? Bin an fairen Tauschangeboten auch sehr interessiert, sowie am Kauf von kompletten Sammlungen.

Regine Maier · Carl-Zeiss-Str. 34/1 · D-73614 Schorndorf-Weiler

Telefon 07181/43794

Hallo Leute!

Seit 4 Jahren ungebremstes Ü-Ei-Sammelfieber und es geht weiter. An- und Verkauf zu fairen Konditionen. Suche Raritäten; bitte nur Orginale. Auch Komplettsammlungen sind gefragt!!!

Michael Panschow · D-73655 Plüderhausen (WN) · Irisweg 11
Tel./Fax: 07181-84561 · Mobil: 0172/7102674

NEU
Demnächst in
FRUFOO®
Onken
HIMBEER
FRUFOO
100g KINDERQUARK
MIT TRAUBENZUCKER
und original FRUFOO-Spielfigur
Innen: Spielfigur
Außen: Fruchtquark
ERDBEER
SCHOKO-UFOS
FRUFOO
Die Krokodandy-
Steckfiguren-Serie!
Onken
ONKEN GmbH · 47439 Moers/Niederrhein · Telefon 0 28 41/911-0 · Telefax 0 28 41/911-139